당신의 머릿속에서 나오라

당신의 머릿속에서 나오라

지은이 | 제니 앨런
옮긴이 | 정성묵
초판 발행 | 2021. 5. 26
6쇄 발행 | 2023. 10. 24
등록번호 | 제1988-000080호
등록된 곳 | 서울특별시 용산구 서빙고로65길 38
발행처 | 사단법인 두란노서원
영업부 | 02)2078-3333 FAX | 080-749-3705
출판부 | 02)2078-3330

책값은 뒤표지에 있습니다.
ISBN 978-89-531-4016-5 03230

독자의 의견을 기다립니다.
tpress@duranno.com www.duranno.com

두란노서원은 바울 사도가 3차 전도 여행 때 에베소에서 성령 받은 제자들을 따로 세워 하나님의 말씀으로 양육하던 장소입니다. 사도행전 19장 8-20절의 정신에 따라 첫째 목회자를 돕는 사역과 평신도를 훈련시키는 사역, 둘째 세계선교TM와 문서선교단행본·잡지 사역, 셋째 예수문화 및 경배와 찬양 사역, 그리고 가정·상담 사역 등을 감당하고 있습니다. 1980년 12월 22일에 창립된 두란노서원은 주님 오실 때까지 이 사역들을 계속할 것입니다.

생각의 공격, 그리스도인의 해법

당신의
머릿속에서
나오라

제니 앨런 지음
정성묵 옮김

두란노

제니 앨런의 베스트셀러 《당신의 머릿속에서 나오라》가 한국어로 출간된 것을 축하하고 감사합니다. 우리는 인류 역사상 어느 때보다 인간의 정신 세계가 원수의 십자포화에 무너져 가는 시대에 살고 있습니다. 이때에 그녀의 책은 우리 모두에게 큰 도움의 손길이 될 것입니다.

오늘날 분노, 우울증, 대인기피, 실패감, 불안감, 반사회적 인격 장애, 온갖 중독의 문제로 고통받는 사람들이 많습니다. 기계 문명은 첨단을 달리지만 인간은 벼랑 끝에 서 있습니다. 이러한 때에 어떻게 해야 우리는 정신의 영역에서 그리스도의 승리를 맛볼 수 있을까요?

저자는 전 세계적인 여성 제자화 소그룹 운동인 이프 개더링

(IF:Gathering)의 설립자입니다. 성령 충만하고 열정적인 그녀도 최근 충격적인 영적 공격 앞에 무기력하게 당했던 것을 고백합니다. 18개월 동안의 정신적인 고통의 터널을 그녀가 어떻게 빠져나왔는가를 보면서, 우리 삶에서 동일한 문제들이 있음을 자각하게 되기에 이 책을 주목하지 않을 수 없습니다.

"모든 생각을 사로잡아 그리스도에게 복종하게 하니"(고후 10:5). 저자는 긍정의 심리학을 말하는 것이 아닙니다. 생각의 영역에 있는 모든 사탄의 거짓말을 무너뜨리려면 하나님의 진리가 나를 다스리도록 해야 함을 역설하고 있습니다.

정신의학자들이 말하는 내면의 3가지 거짓말 "나는 무력하다", "나는 사랑스럽지 않다", "나는 무가치하다"를 읽으며 무릎을 쳤습니다. 늘 두려움에 시달리던 제가 성경에서 발견한 해법 그대로였기 때문입니다. "하나님이 우리에게 주신 것은 두려워하는 마음이 아니요 오직 능력과 사랑과 절제하는 마음이니"(딤후 1:7). 두려움을 넘어서게 해 주시는 하나님의 대안은 바로 내면의 거짓말과 정반대인 "능력"과 "사랑"과 "절제"입니다.

저자는 이 책에서 아주 중요한 선언을 반복합니다. "내게 선택권이 있다!" 하나님께서 인간에게 주신 최고의 기능은 자유 의지입니다. 첨단의 도시 문명이 인간에게서 빼앗아 간 기능이 바로 이것입니다. 인간의 의지가 약해져서 결정 장애에 빠지거나 악해져서 비인격화된 것입니다. 그래서 21세기 신(新) 제자도는 자유 의지의 회복에 있습니다.

우리는 상황과 환경을 선택할 수는 없지만 생각은 선택할 수 있습니다. 사탄이 주는 거짓된 생각을 버리고 시선을 주님께 고정해야 합니다. 우리는 그리스도 안에서 개선이 아니라 개조가 되어야 합니다. 그리스도 안에서 진리로 새 창조가 일어나야 합니다. 그것이 바로 21세기 기계 문명을 이겨 내고 승리자로 남을 수 있는 영적 신인류의 청사진입니다.

저자가 제시하는 7가지 구체적인 대안을 따라가면서 하나님이 주신 생각을 하는 연습을 하다 보면, 어느새 어두운 생각의 터널에서 빠져나와 있는 자신을 발견하게 될 것입니다. 더 이상 피해 의식에 사로잡히거나 하나님을 원망하며 살아갈 필요가 없습니다. 이 책을 꼭 읽어 보십시오. 승리의 고지가 눈앞에 있습니다.

—**이상준**, 양재온누리교회 담당목사, 《두려움 너머의 삶》 저자

아내 헤더(Heather)와 나는 이 책을 함께 읽고 큰 도움을 받았다. 이 책은 하나님의 말씀 속의 진리와 통찰과 저자의 솔직한 이야기와 우리 모두를 위한 실용적인 지혜와 격려가 가득하다. 하나님이 이 책을 사용하여 그리스도 안에서 당신의 마음과 정신을 지켜 주실 줄 믿고 또 그렇게 되기를 기도한다.

—데이비드 플랫(David Platt), 《복음이 울다》 저자

주체할 수 없이 소용돌이치는 생각들을 통제하려는 모든 사람을 위한 필독서이다. 우리는 마음의 잘못된 면을 곱씹으면서 상황이 변하기를 바란다. 하지만 잘못된 면을 골똘히 생각해 봐야 공허함만 가중될 뿐이다. 좋지 못한 생각을 지금 당장 믿음으로 극복할 수 있다는 점을 명쾌하게 설명해 주는 탁월한 책이다.

—리사 터커스트(Lysa Terkeurst), Proverbs 31 Minisries 대표

우리의 생각이 얼마나 쉽게 믿음에서 멀어져 부정적인 생각의 소용돌이 속에 빠지게 할 수 있는지를 직접 겪어 봐서 잘 알고 있다. 이 책은 생각을 통제하여 생각의 지배를 당하지 않도록 해 주는 실천적인 성경적 도구들을 제시한다.

—크리스틴 케인(Christine Caine), A21 Campaign 창립자

때로 생각은 개인적인 성장과 영적 성장의 유일한 걸림돌이 되기도 한다. 이 책은 우리를 옭아매고 무력하게 만드는 부정적인 생각들을 어떻게 다루어야 할지 알려 주기에 희망적이다. 모든 생각을 사로잡아 우리를 자유롭게 하실 수 있는 유일한 분 앞에 생각을 내려놓아야 한다. 하나님이 우리 마음의 모든 혼란을 다루신다는 사실을 늘 기억하게 해 주는 고마운 책이다. 하나님은 우리에게 자신의 머릿속에서 나와 매일 그분의 임재를 연습하고 그분 안에서 쉬라고 손짓하신다.

—라타샤 모리슨(Latasha Morrison), Be the Bridge 창립자

머릿속의 생각들은 우리 삶의 성패를 결정한다. 저자는 나를 비롯한 전 세계의 수많은 여성을 위해 누구보다 앞장서서 싸워왔다. 그녀보다 더 뛰어난 믿음의 용사, 말씀의 전사, 영혼의 옹호자는 없다고 자신 있게 말할 수 있다. 거룩한 불로 타오르는 이 실용적인 책을 통해 이제 그녀가 당신을 변화시키기 위한 개인 트레이너로 나섰다. 이 책은 걱정을 물리치고 정신적인 고지를 탈환하여 하나님 나라의 영토를 넓히는 법을 보여 준다. 형광펜을 꺼내서 승리를 거둘 준비를 하라. 곧 당신의 머릿속에서 나와 당신의 가슴이 늘 갈망했던 곳에 이르게 될 것이다.

—앤 보스캠프(Ann Voskamp), 《천 개의 선물》 저자

여러 권을 사서 주변 모든 사람에게 나누어 주고 싶은 책이 있다. 바로 이 책이 그렇다. 열심히 사서 나누어 주라. 생각의 변화를 꾀해 삶을 바꿀 수 있는 책이다.

—제퍼슨 베스키(Jefferson Bethke), 《종교는 싫지만 예수님은 사랑하는 이유》 저자

이 책은 심오하고도 날카롭게 성경, 신학, 과학, 영적 훈련, 정신 건강, 궁극적으로는 예수님을 따르는 길에 관한 진리들을 충실하게 다루고 있다. 저자가 이 씨름하는 문제들에 대한 솔직한 고백을 담아 역작을 냈다. 읽는 모든 이들에게 도전과 축복, 격려가 될 것이다.

—유진 조(Eugene Cho), 《말하는 대로 살고 사는 대로 말하라》 저자

저자는 이 시대를 향해 강력한 메시지를 선포하고 우리의 한계를 가장 효과적인 간증으로 삼는 법을 가르쳐 준다. 예수님의 바람은 우리 모두가 자신의 머릿속에서 나와 그분의 영광을 위해 자유로운 삶을 사는 것이다.

—셸리 기글리오(Shelley Giglio), 패션시티교회의 공동 창립자

저자는 수많은 사람이 마주하고 있는 까다로운 주제를 다루고 있다. 하나님 안에서 번영하는 삶을 살기 위해서는 마음을 새롭게 하는 것이 필수적이다. 이 책은 머릿속에서 나와 자유의 삶으로 가기 위한 실천 방안들을 담고 있다.

—레베카 라이온스(Rebekah Lyons), *Rhythms of Renewal*(회복의 리듬) 저자

참으로 시의적절한 메시지이다! 저자는 당신의 손을 잡고 머릿속으로 들어가 치유가 절실한 부분들을 보여 주고 예수님의 능력으로 그 사슬들을 끊어내게 도와준다. 모든 사람, 특히 우리 세대에 강력히 추천한다!

-새디 로버트슨(Sadie Robertson), Live Original 창립자

저자는 늘 믿을 만한 목소리이다. 지혜롭고 친절하며 보기 드문 열정으로 예수님과 사람들을 사랑한다. 또한 까다로운 주제들을 과감하게 다루는 모습을 보면 속이 다 시원하다. 이 책에서 사랑과 진리를 발견하게 될 것이다. 단순히 생각하는 방식을 바꾸는 차원을 넘어 삶 자체를 바꾸어 준다."

—밥 고프(Bob Goff), 《사랑으로 변한다》 저자

○

한시도 쉴 틈이 없는 생각의 고리를 끊고
완전하신 그리스도께 삶의 모든 문제를 내려놓길
소망하는 이 땅의 크리스천에게

―――

"마음을 새롭게 함으로 변화를 받아"(롬 12:2)
말씀이 삶이 되길 기대하며!

CONTENTS

———————

Part 1

생각의 공격,

내 삶이 곤두박질치다

═══════

Part 2

어떻게 하면
내 머릿속의 나쁜 생각에서
벗어날 수 있을까

Part 3

날뛰는 생각을

주님께로

Get Out of
Your Head
Jennie Allen

생각의 공격,
내 삶이
곤두박질치다

1

눈에
보이지 않는 생각이
삶을 뒤흔든다

"모든 생각을 사로잡아."

일반적으로 저자들은 2가지 이유 중 하나로 책을 쓴다. 먼저 저자가 해당 주제의 전문가라서 글을 쓰는 경우가 있다. 또 해당 주제가 오랜 시간 그것에 관한 답을 찾을 만큼 저자를 절실하게 만드는 경우도 있다. 나의 경우는 명백히 후자이다.

오늘 아침 눈을 뜨자마자 글을 쓰고 싶은 마음이 불같이 일어났다. 그러다 순간, '먼저 하나님과 시간을 보내야지'라는 생각이 들었다. 그래서 내가 어떻게 했을까? 엉뚱하게도 휴대폰을 집어 들었다. 화면을 켜서 보니 내가 쓰던 글에 관한 이메일이 와 있었다. 내 글에 관해 '건설적인' 비판을 하는 내용이었다. 막 휴대폰을 내려놓으려는데 또 다른 것이 관심을 끌었다. 어느 새인가 나는 SNS에 접속해서 다른 사람들이 받은 '좋아요'의 개수를 세고 있었다. 내 글보다 훨씬 많은 '좋아요'를 볼 때마다 기분이 나빠졌다. 휴대폰을 겨우 몇 분 만지작거리는 사이에 나는 내가 형편없는 글쟁이라는 결론을 내리게 되었다. 그러자 나는 낙심의 늪으로 급속도로 빠져 들었다.

그때, 하나님과 친밀한 시간을 보낸 남편 재크(Zac)가 한없이 행복한 얼굴로 들어왔다. 순간 질투가 나서 남편에게 쏘아붙였다. 그 바람에 내 생각의 소용돌이는 더 빠르고 거칠게 아래를 향하기 시작했다. 1시간도 안 되는 사이에 나는 내 모든 글이 쓸 만하지 않다고 생각하고, 사역을 그만두기로 결심했으며, 하나님을 무시하고 나의 가장 든든한 후원자인 남편을 밀어냈다. "정말 대단하군. 오늘만이 아니겠지. 그러고도 나의 혼란스러운 생각들을 정리하도록 도와주겠다고? 어림 없는 소리!"

스스로 질책하는 말이 귀에 선하다. 솔직히 이 땅에 발을 붙이고 사는 한, 이런 상황에서 완벽히 벗어나기는 힘들 것이다. 하지만 여기서 소개하려는 깨달음 덕분에 내 생각의 소용돌이는 하루, 한 주, 몇 년간 지속되지 않고 불과 1시간 만에 멈추었다. 1시간 만에 나는 생각을 바꾸었다.

더 이상 무기력한 상태에 머물러 있지 않았다. 지금 나는 편안한 상태에서 이 글을 쓰고 있다. 당신도 무기력한 상태에 빠져 있을 필요가 없다. 하나님이 생각의 소용돌이에서 벗어날 길을 마련해 주시기 때문이다. 문제는 우리가 좀처럼 그 길로 가지 않는다는 것이다. 우리는 스스로 이 세대를 위한 가장 중요한 전쟁에서 너끈히 이길 수 있는 전사가 아니라 자기 생각의 희생자일 뿐이라는 거짓말에 속고 있다.

사도 바울은 우리의 머릿속에서 일어나는 전쟁을 분명히 인식하고 있었다. 그는 인생의 상황과 그것에 관한 우리의 생각이 믿음과 소망을 망가뜨리는 무기가 될 수 있다는 점을 정확히 이해했다. 그래서 성경은 "모든 생각을 사로잡아 그리스도에게 복종하게"(고후 10:5) 해야 한다는 바울의 대담한 선포를 기록하고 있다. 모든 생각을 사로잡으라고? 그것은 불가능하지 않을까? 도대체 실제로 시도해 보고서 하는 소리인가?

한번은 새 한 마리가 비좁은 집에 들어와 나갈 생각을 하지 않았다. 그 귀찮은 작은 녀석을 잡기 위해서 온 가족이 1시간이 넘게 집 안을 정신없이 뛰어다녀야 했다. 날아다니는 새를 잡는 일은 거의 불가능에 가깝다. 믿지 못하겠다면 당신도 한 번 해 보라.

그렇다면 머릿속을 정신없이 날아다니는 생각을 사로잡는 것은 불가능한 일이 아닐까? 도무지 엄두가 나지 않는다. 그런데 내가 삶의 기초로 삼고 있는 '모든 생각'을 하나도 빠짐없이 사로잡으라고 말한다. 하나님은 과연 진심으로 말씀하신 것일까? 과연 그것이 가능한 일인가? 솔직히 내 생각은 잠시도 가만히 있지 못하는 참새보다도 더 미친 듯이 날뛰고 있다.

이번 주에 만난 고통으로 인해 신음하던 한 젊은 여성도 그랬다. 2년 넘게 불안감과 사투를 벌인 그녀는 불안한 눈빛으로 나를 보며 필사적으로 애원했다. "제발 도와주세요. 무엇을, 어떻게 해야 할지 좀 알려 주세요!"

그녀는 계속해서 말했다. "더 이상 불안 속에서 살고 싶지 않아요. 상담도 받아보았고 성경 공부도 열심히 하고 있어요. 병원에서 처방해 준 약도 시간을 맞춰 꼬박꼬박 복용하고 있어요. 정말 하나님을 믿고 싶어요. 하지만 왜 삶에 변화가 일어나지 않죠? 왜 이 상황에서 벗어나지 못하는 것일까요?"

나 역시 그녀와 다르지 않다. 나도 그녀와 같은 문제로 지긋하게 싸워왔다. 생각할수록 답답하다. 어떻게 보이지도 않는 것이 삶을 그토록 철저히 통제할 수 있는가? 우리가 무엇을 느끼고 무엇을 하고 무슨 말을 하거나 하지 않고 어떻게 움직이거나 자고 무엇을 원하거나 미워하거나 사랑하는지가 보이지 않는 생각에 의해 철저히 좌우될 수 있을까? 모든 생각을 담고 있는 작은 주름 덩어리가 어떻게 우리의 삶을 그렇게 움직인단 말인가!

이러한 이유들로 인해 생각을 사로잡는 법을 배우는 것이 중요하다. 왜냐하면 생각이 곧 우리의 삶을 형성하기 때문이다(롬 12:1-2 참고).

우리를
속박하는 패턴들

사랑하는 딸에게 뇌 과학에 대해 배운 뒤로 신경과학이란 학문에 푹 빠져 지내고 있다. 지금은 고등학교 3학년이 된 케이트(Kate)가 7학년 때의 일이다. 하루는 학교에서 돌아와 가족들에게 자신이 언젠가 치매를 정복하겠다고 자못 진지한 얼굴로 선언했다.

당시에는 우리 모두 그냥 피식 웃고 말았지만 몇 년이 지난 지금도 케이트는 여전히 신경과학에 관한 책과 논문을 읽고 뇌에 관한 강연 동영상을 열심히 찾아 보고 있다. 그리고 배운 내용을 내 앞에서 쉴 새 없이 조잘거린다. 예를 들면 다음과 같은 내용들이다.

- 인간의 정신에 관해서 지난 20년 동안 우리가 배운 것이 그 이전 시대에 배운 것을 모두 합친 것보다도 더 많다는 사실을 전혀 몰랐죠? 병원을 찾는 사람들의 약 60-80퍼센트가 스트레스 관련 질환을 겪는 사람들인 사실을 알았나요?[1]
- "정신적, 육체적, 행동적 질환의 75-98퍼센트가 생각에서 비롯한다"는 연구 결과를 들어나 보았나요?[2]
- 뇌에 관한 현재의 지식으로 판단할 때 성경에서 말하는 마음은 실제로는 뇌 속에서 이루어지는 정신과 감정을 말한다는 것을 몰랐죠?

이런 이야기들이 매우 흥미롭다. 딸의 열정은 어느새 내게 그대로 옮겨왔다. 그것은 무엇보다도 딸이 배우고 있는 과학적 사실이 성경 곳곳에서 확인되는 사실인 동시에 생각에 관한 성경의 많은 진리가 과학적 근거를 가지고 있다는 점 때문이었다. 정신과 마음을 다스리는 것이 삶의 다른 부분들에서 평안을 찾기 위한 열쇠라는 개념이 점점 더 흥미롭고도 중요하게 다가왔다.

나는 여성들을 제자로 훈련시켜 나중에 그들이 또 다른 사람들을 제자로 훈련시키도록 돕는 기관인 이프 개더링(IF:Gathering)을 오랫동안 운영해 왔다. 공동체와 모임을 사랑하고 우리가 세상에 미친 선한 영향을 자랑스러워했다. 그런데 내가 매일 사랑하며 섬겨온 여성들에게서 한 가지 안타까운 패턴을 감지하게 되었다.

여성들은 집회나 우리 기관의 제자 훈련 프로그램에 참여하며 신앙의 확신을 경험하고 예수님께 더욱 온전히 삶을 바쳤다. 그 결심은 한 주나 한 달, 때로는 1-2년까지 지속되기도 했다. 하지만 어느 정도의 시간이 흐르면 대부분의 여성들이 이전의 습관과 삶의 패턴으로 회귀했다. 아마 무슨 뜻인지 잘 알 것이다.

혹시 불편하고 어려운 관계에서 벗어났다가 어느 순간 마음이 약해져서 다시 관계를 시작한 적이 있는가? 힘든 시기에 겨우 평안을 찾았다가 다시 감정의 소용돌이에 빠져들어 온갖 불평을 쏟아낸 적이 있는가? 각종 중독으로 인해 죄책감을 느끼고 단호히 끊은 듯했지만 불과 몇 주 만에 과거의 습관으로 돌아갔는가? 배우자에게 말과 행동으로 폭력을 행사하던 것의 잘못을 깨닫고서 눈물로 깊이 회개하고 진정으로 변하기 시작했지만, 얼마 못 가서 못된 행동을 다시 했는가?

"왜 그토록 많은 여성들이 변화를 절실히 원하면서도 오래 가지 못하는 것일까?" 나는 이 물음 앞에서 너무도 안타까움을 느껴야만 했다. 나도 마찬가지였다. 수년 전부터 나를 옭아매던 두려움, 부정적인 생각과 감정의 반복, 여타 죄를 여전히 버리지 못하고 있다는 사실이 답답하고 심지어 화가 났다. 나는 오랫동안 알고 친밀하게 지내왔던 이 여성들에게서 이런 부메랑 효과를 분명히 보았다. 그들은 매년 똑같은 문제와 씨름하는 되돌이표 같은 인생에서 벗어나지 못하고 있다. 그들은 나를 만날 때마다 같은 문제를 토로하며 한숨을 푹푹 내쉬었다.

그들의 삶이 활짝 꽃피우지 못하도록 무엇이 막고 있었을까? 왜 그들은 나쁜 패턴에 절망적으로 속박되어 있었을까? 나의 딸아이가 뇌를 공부하면서 배운 사실들로 볼 때 한 가지 가능성이 유력하다. 모든 원인은 우리의 머리 안에 있다.

생각의 소용돌이의 꼬리

우리는 뇌에 관해서 모르는 것이 수두룩하다. 하지만 딸아이의 말마따나 뇌에 관해서 지난 20년간 발견된 것이 그 이전의 2천 년 동안 발견된 것보다 많은 것이 사실이다. 과거에는 정신을 변화될 수 없는 부분으로 여겼다. 각 사람의 뇌가 어떤 생각을 할지는 배 속에서부터 정해져 태어나기 때문에 생각이 바뀌지 않는다고 불평해 보아야 입만 아프다고 생각했다. 하지만 지금은 우리가 의도하던 의도하지 않던 뇌가 실시간으로 변하고 있다는 사실을 안다.

나는 사랑하는 여성들이 나쁜 생각의 패턴에서 해방되기를 간절히 바랐다. 그래서 정신, 신경과학, 실질적인 변화에 관한 좋은 책들을 열심히 찾아 읽었다. 딸이 알려 준 뇌의 가소성에 관한 강연 동영상도 어떻게든 시간을 내어 시청했다. 뇌에 관한 팟캐스트도 찾아 들었다. 뇌에 관한 다큐멘터리들도 빠짐없이 챙겼다. 두뇌가 좋은 사람들을 찾아가 이야기도 나누어 보았다.

이러한 과정들을 통해 많은 사람에게서 작용되는 한 가지 패턴을 찾게 되었다. 그 패턴은 다음과 같다. 감정은 생각을 낳고, 생각은 결정을 좌우하고, 결정은 행동으로 이어지고, 행동은 관계를 형성하며, 이 모든 것은 다시 건강하거나 건강하지 못한 생각으로 이어진다. 우리의 통제권 밖에 있는 것처럼 보이는 이 끝없는 순환이 우리 삶의 방향을 형성한다.

주변 사람들과 대화하고 상담을 받고 기도를 하면서 인간의 가장 본능적인 감정을 바꾸려고 그토록 노력하지만 끝내 성공하지 못하는 사람이 얼마나 많은가. 또한 슬퍼하는 사람에게 슬퍼하지 말라고 말해서 효과가 있었던 적이 있는가? 증상을 해결하는 데 시간과 노력을 쏟기보다는 근본적인 원인을 찾아야 하는 것이 아닐까? 표면적인 감정보다 더 깊이 들어가 애초에 악순환에 시동을 건 뿌리를 다루어야 하는 것이 아닐까?

실제로 우리의 감정은 다른 무엇인가의 부산물이다. 우리의 감정은 생각하는 방식의 부산물이다. 이 소식이 희소식인 이유는 우리의 생각을 바꿀 수 있다는 뜻이기 때문이다. 성경은 분명 그렇게 말하고 있다. "너희는 이 세대를 본받지 말고 오직 마음을 새롭게 함으로 변화를 받아"(롬 12:2).

뇌의 구조와 기제를 깊이 파헤쳐 보니 성경이 옳았다. 그렇다. 우리는 모든 생각을 사로잡을 수 있다. 우리의 생각이 바뀔 수 있을 뿐 아니라, '우리'가 그 생각을 바꾸는 주체가 될 수 있다.

문제는 그릇된 생각이 결국 무엇에 이르는지 의식하지 못하기 쉽다는 것이다. 유명한 청교도 신학자 존 오웬(John Owen)은 모든 죄와 관련해서 원수의 목표는 죽음이라고 말했다. 그의 말을 들어보자.

"죄를 죽이지 않으면 죄가 당신을 죽일 것이다."[3]

자, 이런데도 죄와 싸우지 않겠는가. 이제 분연히 일어나 죄와 목숨을 건 전투를 벌여야 한다. 일반적으로 사람은 하루에 3만 가지 이상의 생각을 한다고 한다. 그중 많은 부분이 부정적인 생각으로 분류될 수 있다. "학자들에 따르면 오늘날 우리를 괴롭히는 질병의 대다수가 부정적인 생각의 직접적인 결과이다."[4]

이러한 생각의 소용돌이는 지극히 실질적이다. 너무 많은 생각으로 인해 사로잡아야 한다는 엄두가 도무지 나지 않을 정도이다. 하지만 모든 생각을 사로잡으려고 하지 말고 단 한 가지 생각만 공략한다면 어떠할까? 아름답고도 강력한 하나의 생각이 혼란스러운

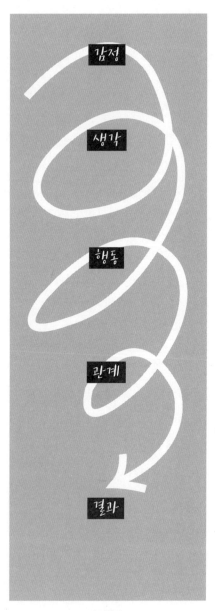

〈그림1〉

인생의 소용돌이를 좋은 쪽으로 변화시킬 수 있을까? 이 생각을 할 때마다 소용돌이가 뒤흔들리진 않을까? 우리의 뇌 속을 정신없이 날아다니며 무기력감을 낳는 거짓들을 잠재울 수 있는 하나의 진리가 있을까? 하나의 생각, 이 정도는 할 수 있겠는가?

하나의 진리를 부여잡고 그것에 마음을 집중하라. 물론 말이 쉽지, 실제로는 너무 어려운 일이다. 우리의 정체성과 삶을 형성하는 그 작은 주름 덩어리 안에서 대대적인 공격이 벌어지고 있기 때문이다. 우리 세대의 가장 큰 영적 전쟁은 우리의 두 귀 사이에서 벌어지고 있다. 우리가 무엇을 믿고 무엇에 관해서 생각하는지가 정말 중요하다. 이를 잘 알고 있는 사탄은 우리가 선한 일을 하지 못하도록 머릿속에 침입해 방해 작전을 펼친다. 사탄은 우리가 강하게 일어나서 하나님의 나라를 위해 일하지 못하도록 무기력감과 열등감으로 우리의 기를 어떻게든 꺾으려고 한다.

축 처져 있기는커녕 어디를 가나 하나님과 사람들을 사랑하며 활기차게 살고 있는가? 그렇다 해도 당신이 한 걸음을 내딛을 때마다 수만 가지의 생각들이 사방에서 당신에게 달려들 것이다. 당신과 나 모두를 위해 다음과 같이 외치고 싶다. 이제 그만!

방금 내가 "당신과 나 모두를 위해"라고 말한 데는 이유가 있다. 하나님은 다른 사람을 돕도록 나에게 이 놀라운 사실을 알려주셨지만, 아이러니하게도 당시의 나는 누구보다도 이런 치유가 절실히 필요한 사람이면서도 그것을 전혀 깨닫지 못하고 있었다.

2

슬그머니 들어와
믿게 되어 버린
생각들

"적어도 나는 저 애처럼 멍청하지 않아."

고등학고 2학년 생물학 수업 시간에 데렉(Derek)이 내 등 뒤에서 노골적으로 조롱하며 말했다. 데렉은 또래의 15세 아이들보다 덩치가 3배나 커서 모두가 두려워하는 친구였다. 나는 워낙 수줍음이 많은 아이라 그 말을 듣고 입도 뻥긋하지 못했다. 그냥 속으로만 분을 삭였다. 나에게 멍청하다고 하다니! 나는 전혀 멍청하지 않았다. 나는 공부를 긴 시간 하지 않고도 대부분의 과목에서 만점을 받았고, 가장 어려운 몇몇 과목에서도 90점 이상을 유지했다.

기다란 과학 실험실 테이블에 앉아 두 손으로 그 아이의 머리를 잡고서 "나는 전혀 멍청하지 않아!"라고 말해 주고 싶었지만 그럴 용기가 없었다. 데렉에게 멍청하다는 말을 들은 지 채 1시간도 되지 않아, 내 두 귀 사이에 있는 작은 주름 덩어리는 나의 가치와 지성과 잠재력이 지독히 형편없다는 판결을 내려버렸다. 그리고 그 판결은 이후 10년간 내 머릿속에서 끊임없이 맴돌았다.

대학교 신문방송학과를 갓 졸업한 나는 한 방송국의 면접을 보았다. 면접이 끝난 후 방송국에서 일하는 두 남자가 나와 친구를 저녁식사 자리에 데려갔다. 그 자리에서 일 이야기는 하지 않고 줄곧 사적인 이야기만 했다. 그들이 우리에게 치근덕거리고 있다는 사실을 깨달은 나는 그 자리에 앉은 채로 생각했다. '아무래도 일에 관하여서는 남자들이 나를 진지하게 받아들이지 않는구나.' 이 생각은 여성으로서 내가 일에 관한 부분들에 있어서는 인정을 받을 수 없다는 생각으로 이어졌다. 내가 받은 교육과 훈련과 재능이 쓸모없다는 생각이 들었고, 그런 생각은 오랫동안 나의 발목을 잡았다.

신혼 초, 남편과 처음으로 크게 다투었다. 남편은 나를 무시했고 나는 신경질을 부리며 문들을 세차게 닫고 들어갔다. 남편은 한바탕 싸움이 지나가고 난 뒤에 다 잊어버렸지만 나는 계속해서 부정적인 생각을 곱씹었다. '이 사람은 나를 진정으로 사랑하지 않아.' 그렇게 내 마음은 우리 부부의 관계를 형편없는 쪽으로 몰아가기 시작했다.

8세이던 어린 아들에게 화를 폭발한 뒤에 그날 밤 침대에 누워 '나는 부모로서 자격 미달이야!'라고 스스로를 비하했다. 그때부터 그 어두운 생각이 내 마음속으로 점점 더 깊이 파고들었다.

창피하지만 나는 늘 이런 종류의 거짓말에 끌려다녔다. 그냥 믿기만 한 것이 아니라 아예 거짓말 위에 삶을 지어 왔다. 어떤가? 다른 사람 얘기가 아닌 '내' 이야기로 들리는가?

거짓말의
범주

치료사로 일하는 내 친구 크리스티나(Christina)는 정신의학에 따르면 자신에 관한 모든 거짓말이 다음의 3가지 범주에 들어간다고 말한다.

1. 나는 무력하다.
2. 나는 무가치하다.
3. 나는 사랑스럽지 않다.

나는 반사적으로 고개를 흔들었다. "에이, 그럴 리가. 겨우 3개뿐이라고?" 그러면서 내가 하루에 나 자신에 관한 거짓말을 300개나 믿은 적도 있다고 말했다. 크리스티나는 진지하게 고개를 내저었다. "그렇지 않아. 그 300개의 거짓말은 모두 이 3가지 범주 중 하나에 들어가."

일단 크리스티나가 옳다고 가정해 보자. 내가 당신에게 묻고 싶다. '당신'에게는 이 3가지 거짓말 중 무엇이 가장 와닿는가? 당신이 가장 자주 속는 거짓말은 무엇인가?

이런 거짓말(나는 무력하다, 나는 무가치하다, 나는 사랑스럽지 않다)은 우리의 생각과 감정과 주변 세상에 반응하는 방식을 형성한다. 이것들은 우리를 심란과 왜곡과 고통의 악순환에 빠뜨려, 믿어야 할 진리를 인식하지 못하도록 방해한다. 무엇보다도, 하나님을 바라보는 시각을 일그러뜨린다. 자신에 관한 모든 거짓말은 하나님을 바라보는 왜곡된 시각에서 비롯한다.

내가 툭하면 스스로를 무가치한 투명 인간처럼 느낀다고 해 보자. 그런 상태에서 내가 에베소서 1장 4-5절을 읽고 하나님이 나를 사랑하여 선택하고 입양하셨다는 사실을 배운다고 해 보자. 나는 이 진리를 대놓고 거부하지 않더라도 이 진리가 나에게 적용될지에 대해서는 의심을 품을 것이다. 진리에 고개를 끄덕일 뿐 그 진리를 마음으로 온전히 받아들여 내 정체성의 기초로 삼지는 않는다.

이번에는 내가 일에만 푹 빠져서 사는 사람과 결혼을 한다고 해 보자. 남편이 일에만 파묻혀 나를 투명 인간 취급한다. 그러면 내가 무가치한 사람이라는 확신이 더욱 강해진다. 그래서 남편과의 사이에서 아주 사소한 말다툼만 벌여져도 지독한 불안감에 휩싸인다. 남편이 조금만 서운하게 해도 진실을 왜곡시킨다.

나는 남편의 무거운 짐을 보지 못한다. 남편의 스트레스에 공감하지 못한다. 남편에게 감당할 수 있는 수준 이상의 것을 바란다. 오래지 않아 우리 부부는 틈만 나면 핏대를 올려가며 과격한 싸움을 벌인다. 심지어 왜 싸우는지도 모르고 서로에게 화살을 퍼붓는다. 이제 내 마음속에서 남편은 적으로 변한다. 내게 필요한 말을 해 주거나 필요한 사람이 되어 주지 않는 남편이 지독히 미워진다. 부정적인 생각의 소용돌이가 암처럼 내 모든 관계로까지 퍼져나가 내게 서 기쁨과 평안을 앗아간다.

인간은 우리 영혼을 온전히 채워 줄 수 없다. 어떤 인간도 가치 의 근원이 될 수는 없다. 오직 하나님만 우리의 영혼을 채우실 수 있 다. 그래서 하나님이 나를 사랑하지 않으신다는 거짓말을 뿌리치기 전까지는 내가 무가치하다는 그릇된 믿음의 바탕 위에서 내 모든 결 정과 행동과 관계는 엉망이 될 수밖에 없다.

자신의 생각에 관해서 생각하기 시작하면 생각의 소용돌이를 멈출 수 있다. 분명 이러한 부정적이고 유해한 생각의 소용돌이에 서 벗어날 수 있다. 이것이 우리의 소망이다. 하지만 우리의 힘으로 모든 두려움을 상대할 수 없다. 우리의 생각 속에 하나님을 가득 채 우는 것이 답이다. 그러면 크신 하나님 앞에 두려움은 한없이 작아 진다. 나는 하나님을 "높이면 … 수만 가지 작은 문제가 단번에 해결 된다"라는 A. W. 토저(Tozer)의 말을 참 좋아한다.[1] 정말 그렇게 되고 싶다.

방법을 알고 싶은가? 얼마든지 그렇게 될 수 있다. 하지만 우리 영혼의 원수는 우리의 마음을 순순히 놓아 주지 않는다는 사실을 분 명히 알아야 한다. 영적 싸움은 피할 수 없다. 게다가 사탄은 결코 정직한 승부를 하지 않는다.

내가 겪었던 최악의 정신적 지옥에 대해 털어 놓으려 한다. 무 거운 주제이니 미리 마음의 준비를 하기를 바란다. 사실 나는 무거운 주제를 좋아하지 않는다. 누구나 그렇듯 즐겁고 행복한 것들을 좋아한다. 하지만 당신이 내 어두움을 보지 않으면 내가 하나님이 생명과 평강을 주실 줄 믿고서 생각의 깊은 곳들을 들여다볼 만한 가치가 있다고 말해도 믿지 않을 가능성이 농후하다.

생각을 바꿔 삶을 바꾸는 일은 분명 가능하다. 어떻게 그렇게 자신 있게 말할 수 있는지 궁금한가? 무엇보다도 직접 경험해 봤기 때문이다. 하지만 내 혼란을 평강으로 바꾸어 줄 생각을 발견하기 전까지 나는 원수의 총공격을 받아야 했다.

사탄의 공격을
받다

몇 달 만에 리틀록(Little Rock)을 다시 방문했다. 어머니의 흰색 자동차의 조수석에 앉아서 익숙한 풍경을 즐겼다. 내가 졸업한 고 등학교, 친구들과 미식축구나 농구를 하고 나면 으레 가서 재잘거렸 던 추억의 식당, 어릴 적에 하루가 멀다 하고 찾아가 물놀이를 하던 물가 등 역시 고향은 푸근하다는 사실을 실감했다.

추억에 잠겨 있다 보니 어느새 목적지에 도착했다. 그곳은 한 침례교회였다. 그곳에서 책 사인회를 사이에 두고 강연회를 1, 2부 로 나누어서 진행하기로 되어 있었다.

1부 강연에서 나는 눈앞에 앉아 있던 여성들에게 확실히 눈도장을 찍을 생각으로 복음 메시지를 담대하고도 분명하게 전했다. "사탄과 그가 손짓만 해도 조르르 달려오는 귀신들이 정말로 존재합니다. 사탄은 여러분을 무너뜨리기를 원합니다. 사탄은 여러분의 믿음을 빼앗으려고 호시탐탐 기회만 노리고 있습니다." 나는 그곳에 모인 몇 천 명의 여성들에게 말했다. 그들이 죽지 못해 살아가는 삶에서 벗어나 그리스도의 자유를 경험하기를 간절히 바랐다.

1부 강연이 끝나고, 예정대로 책 사인회가 성황리에 진행되었다. 그 후에 잠시 혼자 남게 되었다. 대규모의 행사에서는 안전을 위해 최대한 혼자 있는 시간을 만들지 않으려고 하는데 어쩌다 보니 그렇게 되었다. 다른 참가자들은 모두 본당으로 돌아가 자리를 잡은 상태였고 주최 측의 관계자들은 분주하게 뛰어다니며 세부사항들을 챙기느라 정신이 없었다. 우리 스텝들도 각자의 자리에서 일에 매진하고 있었다. 홀에는 나와 인상 좋은 한 여성만 남아 있었다. 다음 강연이 시작되기 전에 내 자리에 돌아가 있어야 했다. 본당을 향해 두 걸음을 떼었을 때 갑자기 그 인상 좋은 여성이 내 앞을 가로막았다. 여성의 표정은 어느새 어두워져 있었다. 조금 전에 느낀 푸근한 미소는 사라지고 묘한 눈빛으로 나를 뚫어져라 노려보고 있었다. "너를 해치우려고 왔다. 우리에 관한 이야기는 그만 집어치워. 너를 해치우려고 왔다." 여성이 기분 나쁜 목소리로 속삭였다. 너무 뜬금없는 말이라 처음에는 무슨 말인지 알아들을 수가 없었다. "선생님, 지금 무슨 말씀을 하시는 거죠?"

여성은 소름끼치는 목소리로 말했다. "내가 무슨 얘기를 하는지 잘 알 텐데."

"네?"

"우리에 관한 이야기를 그만두라고."

"도대체 무슨 말씀이신지?"

"내가 무슨 얘기를 하는지 모를 리가 없을 텐데."

하지만 나는 도무지 감을 잡을 수 없었다. 그러다 갑자기 이해가 갔다. 나는 몇 걸음 뒷걸음질을 치다가 본당으로 달려가 보안요원 중 한 명에게 최대한 침착한 목소리로 말했다. "홀에 있는 여성이 저를 위협했어요. 혹시 무슨 짓을 저지를지 모르니 잘 감시해 주세요."

잠시 후 나는 무대에 올라 마지막 강연을 시작했다. 한참 강연을 하는데 복도에서 누군가가 본당 주위를 달리며 내는 날카로운 비명소리가 들렸다. 순간 나는 머리털이 곤두서는 바람에 잠시 말을 멈출 수밖에 없었다. 그것이 누가 내는 소리이며 무슨 의미인지를 정확히 알았다. 하지만 보안 요원이 알아서 그 여성을 찾아 제지시키리라 믿고서 다시 정신을 차리고 강연을 이어갔다. 그저 말로만 위협하는 미치광이일 뿐이라고 스스로를 안심시켰다.

하지만 사탄은 공격의 수위를 한층 더 높였다. 여성이 홀에서 목이 터져라 비명을 지르는 와중에 갑자기 전기가 나갔다. '모든' 불과 '전체' 사운드 시스템과 내 뒤의 '거대한' 스크린까지 꺼졌다. 말 그대로 칠흑 같은 어둠 속에서 적막만 흘렀다.

이곳이 예비 시스템까지 갖춘 초대형 교회라는 말을 했던가? 수많은 인력이 동원된 화창한 날의 행사 도중 전기가 나갈 가능성은 제로에 가까웠다. "한 번도 없었던 일입니다. 강사님이 보안 요원에게 말씀하셨던 그 여성이 낸 비명이었습니다. 도대체 무슨 일일까요?" 그 교회의 담임 목사는 그렇게 말했다.

머릿속이 하얘졌다. 나는 예수님을 선포하는 사람이고 그분이 가르치신 모든 것을 믿는다. 그분은 원수에 관해 가르치셨고 사탄의 모든 힘을 제압하는 능력을 보여 주셨다. 그분께 사탄은 전혀 신비로운 존재가 아니었다. 그분께 영적 전쟁은 실재하는 현실이었다. 그분이 귀신들을 쫓아내셨다고 성경은 분명 말하고 있다.

나는 마귀와 그를 위해 일하는 귀신들이 실재하고 우리의 마음과 영혼과 정신에 관한 전쟁이 늘 벌어지고 있다고 믿는다. 하지만 사탄의 역사가 이토록 분명하게 나타나는 것은 난생 처음 경험해 보았다. 이런 경험을 하면 두려움에 사로잡힐 수도 있지만 처음에는 오히려 내 믿음이 더 강해지는 결과를 낳았다. 그날 밤을 지금도 생생하게 기억한다. 그날 나는 만나는 사람마다 붙잡고 예수님을 전했다. 하나님, 천국, 사탄, 영적 전쟁이 얼마나 실재하는 일인지 똑똑히 경험한 덕분이었다. 하지만 충격적이게도 나는 이런 경험을 하고도 생각의 소용돌이에 빠졌고, 긴 시간 어려움을 겪었다.

3

건잡을 수 없는
삶의 소용돌이로

그날의 강연회를 마치고 부모님 댁으로 돌아가는 길에 남편에게 전화를 걸었다. 강연회에 가기 전에 남편과 말다툼을 벌인 상태였다. 무슨 이유로 싸웠는지는 기억나지 않지만 남편이 전화를 받자마자 내가 처음 한 말은 기억난다. "여보, 우리 이제 그만 싸워요. 어때요?"

통화하는 동안 남편에게 마구 질문을 쏟아냈다. "우리의 재정 상태는 괜찮나요? 혹시 우리가 원수 진 사람이 있나요? 아이들은 어때요?"

나는 연신 "여보, 우리 힘을 합쳐서 싸워야 해요!"라고 말했다. 우리가 어떤 위험에 빠졌을까? 사실, 어떤 위험이 있는지는 몰랐다. 그리고 알고 싶지도 않았다.

"여보, 왜 그렇게 불안한 상태에요?" 남편은 걱정스러운 어조로 물었다. 필시 남편은 속으로 '그 아름다운 침례교회에서 도대체 무슨 일이 있었지?'라고 생각했을 것이다.

나는 그 교회에서 있었던 일을 털어놓았다. 그러자 어지간한 일에는 감정의 동요가 없는 남편이 무척 놀랐다. 그날 밤 통화를 하면서 우리 삶의 구석구석을 살폈지만 특별히 사탄의 공격을 받을 만한 부분은 찾지 못했다.

그날(어느 때보다도 강한 믿음의 확신을 경험한 직후)부터 매일 밤 새벽 3시만 되면 잠에서 깨어 일시적인 공포에 휩싸였다. "아, 또 3시구나!" 그렇게 시계를 보며 한숨을 내쉬었다. 내가 한밤중에 깨는 것에 익숙하지 않았던 것은 아니다. 아이를 키우는 엄마들에게 한밤중에 깨는 것은 일상이다. 하지만 이번에는 양상이 좀 달랐다. 가슴이 두근거리고 공포가 밀려왔다. 깨어서 몇 시간 동안 서성거리다가 겨우 다시 잠이 들었다.

시작은 사소한 생각과 두려움이었다. 이를테면 밀린 빨랫감이나 아이에 관한 걱정이 출발점이었다. 하지만 곧 더 큰 두려움으로 번져갔다. "하나님이 정말로 계신가?" 나는 평생 하나님을 위해 살아왔다. 따라서 그 의심은 내가 삶을 완전히 허비하고 있을지도 모른다는 의미였다. 그런 생각을 할 때마다 정신이 아득해졌다. 적막한 어둠 속에서 홀로 그 의심을 몰아내기 위해 노력했지만 계속해서 돌아오고 또 돌아왔다. 이 지긋한 의문을 도저히 떨쳐 낼 수 없었다.

아이러니하게도 내 가운데 이름은 '믿음'(Faith)이다. 하지만 내 믿음은 정신없이 무너져 내리고 있었다. 스스로를 "웅덩이에서 뒹굴던 사람"으로 불렀던 성경 교사 베스 모어(Beth More)는 3가지 종류의 구덩이가 있다고 말했다. 우리 스스로 뛰어든 웅덩이가 있고, 실수로 떨어진 웅덩이가 있으며, 누군가에 의해 던져진 웅덩이가 있다.[1] 내 웅덩이는 세 번째에 해당했다. 그 잠 못 이루는 시기에 내내 나는 그 웅덩이에서 어떻게 나올지를 고민했다.

나는 인생의 어느 시점에서 자신이 선택한 직업에 의문을 품은 사람들을 본 적이 있다. 자신이 배우자를 제대로 골랐는지에 대해서 의문을 가지는 사람도 있다. 그런가 하면 어떤 이들은 인생의 목적에 의문을 품는다. 하지만 당시 내 의문은 정체성에 관한 것이었다. 즉 나는 하나님의 존재를 의심했다. 칠흑 같이 어둡고 적막한 밤마다 홀로 깨어 하나님이 진짜인지를 의심했다. 하나님이 실재하신다면 진정으로 나를 보고 계시는가? 진정으로 나를 사랑하시는가? 진정으로 나를 아끼시는가? 하나님은 '당연히' 나를 아끼시지 않는가. 아니, 정말로 그런가?

생각에 짓눌려
삶의 소망을 저버리다

내가 그토록 열정적으로 선포했던 믿음은 다 어디로 갔는가? 누가 그 믿음을 다 앗아갔는가? 내가 과연 그 믿음을 되찾을 수 있을까? 갑자기 내 안에 의심의 구름이 마구 피어올랐다. 정확히 말하면, 갑자기는 아니었다. 그 의심은 거의 감지할 수 없을 만큼 매일 밤 조금씩 자라났다.

본래 쾌활하고 낙관적이었던 나는 극심한 불안감으로 인해 비관적이 되었다. 삶의 웅덩이에서 빠져 나오는 방법들을 오랫동안 설파해 왔건만 그 모든 방법이 정작 내게는 하나도 통하지 않았다. 물론 여전히 사역을 열심히 하며 많은 열매를 맺고 있었다. 하지만 내 마음속에서 낙관적인 태도가 총공격을 당하고 있었다. 의심의 생각들이 쉴 새 없이 공격해 오는 바람에 내 마음은 자꾸만 가라앉았다.

한밤중에 시작된 의심은 결국 나의 낮까지 잠식했다. 낮에도 온갖 의심의 생각들이 머릿속을 떠다니기 시작했다. 우리의 뇌는 잡생각에 몰두하길 정말 잘한다. 물론 믿음이 필요한 순간에는 믿음을 선택했다. 수십 년간 하나님과 함께해 온 길을 되돌아보며 다시금 믿음을 붙잡았다. 하지만 어느 순간, 또 다시 열정이 사그라졌다. 나락을 향해 소용돌이치는 생각들이 나를 자꾸만 짓눌렀다.

의심은 소망을 앗아간다. 소망이 없으면 중요한 모든 것이 더이상 중요하지 않게 느껴진다. 너무 어렵거나 버거운 대상 앞에서 지금까지 믿어온 모든 것에 의문을 품었던 적이 있는가? 사탄이 역사하고 있다는 것을 잘 알면서도 소용돌이의 한복판에 있다 보니 그것을 망각해 버렸다. 내가 생각을 통제하는 것이 아니라 생각이 나를 통제하기 시작했다. 정신을 차리고 사력을 다해 이 거짓 생각의 소용돌이에서 빠져나오기 위해 노력했지만 제자리 걸음 중이었다.

하지만 빠져나올 길이 분명히 있었다. 혹시 지금 작은 생각의 소용돌이에 갇혀 있는가? 아니면 나락으로 떨어지고 있는가? 내가 장담하는데, 분명 소망이 있다.

어두운 생각의 늪에
갇히다

나는 무력하다. 나는 무가치하다. 나는 사랑스럽지 않다.

새벽 3시 침대 위에서는 3단 공격이 반복되었다. 나는 이 3가지 거짓말을 모두 믿어 버렸다. 그러자 내가 이전까지 믿었던 모든 것이 무의미해졌다. 하나님도 무의미하게 여겨졌다. 그야말로 인생무상에 빠졌다. 나는 아무것도 아니기에 무력했다. 나는 아무것도 아니기에 무가치했다. 나는 사랑스럽지 않았다. 아무것도 아닌 자를 누가 사랑하겠는가.

거짓 생각이 위험한 이유는 왜곡된 논리가 실제로 말이 되는 다른 현실을 만들어 내기 때문이다. 그동안 내가 겪거나 관찰했던 모든 고난이 차례로 떠올랐다. 심각한 뇌졸중을 몇 번이나 겪고 가슴 아픈 이혼까지 경험한 절친한 친구와 내 여자 형제 케이티(Katie)의 세상과 가정이 무너져 내린 일과 르완다에서 아들 쿠퍼(Cooper)를 입양하는 과정에서 겪었던 온갖 우여곡절들이 떠올랐다. 처음으로 한 조직을 세우고 팀을 이끌기 위해 안간힘을 쓰던 내게 존경하던 리더들이 퍼부었던 지독한 비판들과 남편의 극심한 우울증이 생각났다. 세다 보니 끝도 없었다.

그동안 하나님의 선하심을 믿은 것은 나만의 착각이었던 것일까? 이른 새벽에 과연 내 삶이 어디로 갈까 고민하며 불안에 떨었다. 내가 무의미한 일에 삶을 던진 것일까? 내 모든 노력과 열정이 결국 헛수고였는가? 한때 그토록 참되고 중요하게 보였던 것들이 다 허망하게만 느껴졌다.

이즈음 우리 가족은 영화 어벤져스(Avengers) 시리즈 '인피니티 워'(Infinity War)를 보러 갔다. 지금은 이 영화가 나온 지 꽤 오래되었으므로 약간의 스포일러는 괜찮지 않을까 싶다. 영화의 마지막에는 내가 좋아하는 슈퍼 히어로들이 그냥 사라져 버린다. 마치 애초에 존재하지 않았던 것처럼 재가 되어 날아가 버린다. 그들의 삶이 아무런 의미도 없는 것처럼 보였다. 그 영화관에 앉아서 내 운명도 별반 다르지 않다는 두려움에 휩싸였다. 내가 이룬 모든 성취, 내가 세상에 미친 모든 영향이 먼지처럼 느껴졌다. 나의 모든 것이 무의미했다.

나는 결국 캄캄한 무덤 속에 갇히고 끝이 날 것이다. 하나님은 없다. 구원도 없다. 나는 아무것도 아니다. 내 삶은 아무런 의미가 없다. 자꾸만 이런 생각이 들었다. 더 이상 아무것도 중요하지 않았다. 하나님이 없는데 이리 사나 저리 사나 무슨 의미인가. 18개월 동안, 500일이 넘는 시간 동안 이런 생각이 나를 붙잡고 놓아 주지 않았다.

생각에 관해서 다르게 생각하는 법을 배우기 전까지 계속되었
다. 내게 선택권이 있다는 사실을 기억하기 전까지 이 상태가 지속
되었다.

4

깊이 배인
나쁜 생각들,
도려낼 수는 없을까

"내가 실성했다고 생각할 거야."

우간다 벽지를 달리는 버스의 기다란 좌석에 옹기종기 앉아 절친한 친구들인 에스더(Esther)와 앤(Ann)에게 말하는데 뺨을 타고 뜨거운 눈물이 주르륵 흘렀다. 도로가 워낙 울퉁불퉁해서 무릎에 올려놓은 손이 연신 덜렁거렸다. "정말이야. 내가 정말로 실성한 건지도 몰라."

친구들에게 몇 달간 새벽 3시에 눈을 떠서 의심과 불신에 빠져 영적으로 흔들렸던 일을 고백하기로 했다. 가감 없이 털어놓기로 결심한 이유는 불과 30분전 우간다 공관에서 나의 무너진 모습을 적나라하게 보여 주었기 때문이다. 친구들은 내가 알 수 없는 힘과의 사투로 인해 지치고 무너진 모습을 처음 보게 되었다. 아무 문제도 없는 척하는 삶이 지긋했다. 이제 친구들에게 진실을 말하는 수밖에 없었다.

그래서 하나도 남김없이 털어놓았다. 아칸소 주에서 만난 그 이상한 여성의 "너를 해치우려고 왔다!"라는 위협부터 시작해 잠 못 이루는 밤의 연속과 믿음을 잃는 것이 불가능하다고 믿으면서도 내가 믿음을 잃을지 모른다는 두려움에 떨고 있는 모순된 현실을 이야기했다. 머리에서 정리하기 전에 입에서 말이 정신없이 튀어나왔다. 마치 나도 모르게 녹음해 놓은 음성 파일을 틀어 놓은 것만 같았다. 그렇게 괴로웠던 지난 18개월에 대해서 다 이야기 했다.

"이제 내가 믿음이 있는 사람인지도 모르겠어. 지독히 어두운 나날이었어. 말로 다 표현하지 못할 만큼 힘들었어. 지금까지 믿어 왔던 모든 것이 의심스러웠어. 내가 여전히 하나님을 믿고 있는 건지도 잘 모르겠어. 어쩌면 이젠 믿지 않고 있을지도 몰라."

앤은 특유의 사려 깊은 표정으로 내 얼굴을 뜯어보며 기다렸다. 내가 심호흡을 하고 나자 앤은 이렇게 말했다. "아니야. 그렇지 않아. 나는 너를 알아. 너의 믿음을 알아. 오랫동안 너를 곁에서 지켜보아서 잘 알아." 나는 눈을 바로 뜨고 앤을 쳐다보았다. 앤의 말이 맞기를 간절히 바랐다.

"제니, 이건 사탄의 역사야. 하나님에게서 온 게 아니야. 네가 겪고 있는 괴로움은 너의 진짜 모습이 아니야." 앤의 말이 내 안의 혼돈을 뚫고 들어와 내 정신을 깨웠다. 나는 지그시 눈을 감고 고개를 끄덕였다.

진리가 내 영혼을
꼭 붙들다

우간다의 공관에서 내가 감정적으로 무너져 내린 것은 낯선 사람의 입에서 흘러나오는 너무도 익숙한 이야기를 듣고 충격을 받았기 때문이었다.

고향에서 500일이 넘도록 밤마다 불안감에 떨었을 때의 유일한 안식처는 성경 말씀을 계속해서 읊조리는 것이었다. 그 말씀이 내 믿음을 붙잡아 주기를 간절히 바라며 읊조리고 또 읊조렸다. 그 말씀은 오래전에 외웠던 시편 139편이었다. 어두컴컴한 내 침실에서 머릿속에 의심과 두려움이 가득할 때 그 시편을 나지막이 속삭였다.

"내가 주의 영을 떠나 어디로 가며 주의 앞에서 어디로 피하리이까 내가 하늘에 올라갈지라도 거기 계시며 스올에 내 자리를 펼지라도 거기 계시니이다 내가 새벽 날개를 치며 바다 끝에 가서 거주할지라도 거기서도 주의 손이 나를 인도하시며 주의 오른손이 나를 붙드시리이다"(시 139:7-10).

나는 이 시편 말씀, 특히 우리가 아무리 애를 써도 하나님에게서 피할 길이 없다는 대목을 붙잡았다. 이 말씀이 사실이기를 간절히 바랐다. 아니, 사실이어야만 했다! 그래서 절박한 심정으로 어둠을 향해 이 말씀을 읊조리고 또 읊조렸다.

우간다에서 친구들과 나는 여러 난민 캠프를 찾아가 기아대책 (Food for the Hungry)의 사역을 보았다. 우리는 이 단체에 작은 힘이라도 보태고 싶었다. 비록 내가 참여하지 못해도 기아와의 싸움에서 진전이 이루어지고 있다는 사실에 깊은 감사를 느꼈다. 우리의 작은 팀은 현장을 떠나 북적거리는 공관으로 들어갔다. 거기서 이 선한 사역을 돕는 현지 관리들을 만났다. 그들은 모두 크리스천이었다. 기아 종식을 간절히 바라는 그들은 하나같이 친절하고 다정했다. "모임 전에 간단하게 예배를 드리려고 합니다. 함께하시겠습니까?" 한 관리의 초대에 우리는 세차게 고개를 끄덕였다.

나는 에어컨도 없는 방의 한 쪽에 앉았고, 앤과 에스더는 반대편에 앉았다. 순간, 또다시 온갖 불안한 생각이 노도처럼 밀려왔다. 짧은 기도 후에 한 남자가 성경책을 펴서 읽기 시작했다.

"여호와여 주께서 나를 살펴보셨으므로 나를 아시나이다 주께서 내가 앉고 일어섬을 아시고 멀리서도 나의 생각을 밝히 아시오며"(시 139:1-2).

남자의 입술에서 나오는 말씀에 정신이 번쩍 들었다. '뭐야? 시편 139편이잖아. 시편 139편이야!' "주께서 나의 앞뒤를 둘러싸시고 내게 안수하셨나이다…"(시 139:5).

나는 정신을 집중해서 들었다. 다음 문장이 무엇인지는 너무도 잘 알고 있었다.

> "내가 주의 영을 떠나 어디로 가며 주의 앞에서 어디로 피하리이까 내가 하늘에 올라갈지라도 거기 계시며 스올에 내 자리를 펼지라도 거기 계시니이다…."

나도 모르게 눈물이 흘러내리기 시작했다. 방 안은 숨이 막힐 정도로 뜨거워졌다. "내가 새벽 날개를 치며 바다 끝에 가서 거주할지라도…."

당장이라도 자리를 박차고 나가고 싶었지만 도망치는 것은 옳지 않다고 판단했다. 눈물이 봇물 터지듯 흐르면서 목이 메고 눈이 따가웠다. 지구를 반쯤 돌아서 찾아간 나라, 그곳에서도 경비행기와 폐차 직전의 버스로 하루를 꼬박 고생해서 찾아간 작은 마을에서 영어가 모국어가 아닌 사람의 입에서 익숙한 말씀이 흘러나왔다.

우리는 같은 하나님을 사랑하고 있었다. 이 하나님이 어떻게 진짜가 아닐 수 있겠는가. 이 남자가 읽을 수 있는 성경 구절은 수만 개였지만 그는 내 연약한 믿음을 붙잡고 있는 유일한 말씀을 골랐다.

"제니, 이것은 너의 진짜 모습이 아니야." 앤의 말이 옳았다. 내 영혼 깊은 곳에서는 진실을 알고 있었다. 이것은 내 진짜 모습이 아니었다. 나는 하나님을 사랑하는 자녀였다. 나는 예수님을 믿고 그 믿음을 소중히 여기는 사람이었다. 하나님은 절대 나를 버리지 않으신다.

두려움

의심

불안

고통

이 모든 것은 나의 진짜 모습이 아니었다. 하나님은 실재하시며 나는 귀한 존재이다. 내 삶은 중요하다. 하나님은 진짜이다. 사탄도 실재하며, 사탄이 나를 괴롭히도록 너무 오랫동안 허용했다. 더 이상 참을 수 없었다. 이것은 전쟁이었다.

"너의 진짜 모습이
아니야"

앤과 에스더와 나는 우간다에서 함께 귀국한 뒤 사탄을 공격하기 위한 계획을 세웠다. 좋은 친구들에게 짐이 되기 싫은 마음도 있었지만 그 계획을 마다하기에는 도움이 너무도 절실했다. 앤은 나를 불신과 의심의 웅덩이 안에서 끌어당기고 있는 것이 누구이든 무엇이든 그것에 함께 맞서기 위해 24시간 동안 금식기도를 하자고 제안했다.

아침밥도, 점심시간의 아메리카노와 케이크도, 밤의 간식도 먹지 않기로 했다. 딱 물만 마시기로 했다. 음식에 관해 생각하고 음식을 준비하고 먹는 데 쓰는 에너지를 하루 동안 온전히 기도에만 쏟기로 했다. 내 믿음의 회복을 위한 기도에만 전념하기로 했다. 미안한 마음이 들면서도 나를 짓누르는 두려움과 고통이 너무 심각했기에 앤의 뜻을 따르기로 했다. 우간다에서부터 앤의 말을 족히 수천 번은 되뇌었을 것이다. "너의 진짜 모습이 아니야."

간단한 선포 하나가 1년 넘게 내 마음과 정신을 옭아매던 두꺼운 사슬을 끊기 시작했다는 사실이 생각할수록 놀랍다. 나는 사도 바울이 그리스도를 믿게 된 과정을 떠올렸다. 사울은 다메섹 도상에서 눈이 멀어 쓰러진 상태에서 예수님을 만나기 전까지는 누구보다도 크리스천들을 핍박하던 자였다. 사도행전 9장에 따르면 사울은 3일 동안 아무것도 먹지도 마시지도 보지도 못했다. 그는 예수님께 이끌려 다메섹으로 들어가 다음 지시를 기다렸다. 그렇게 눈먼 사울은 동행인의 손을 잡고 따라갔다.

마침내 다메섹에 사는 아나니아라는 제자가 찾아와서 사울에게 손을 얹고 말했다. "사울아 주 곧 네가 오는 길에서 나타나셨던 예수께서 나를 보내어 너로 다시 보게 하시고 성령으로 충만하게 하신다 하니 즉시 사울의 눈에서 비늘 같은 것이 벗어져 다시 보게 된지라"(행 9:17-18). 사울이 일어나 세례를 받고 음식을 먹고 원기를 회복했다.

어둠 속에 혼자 있으면 사탄은 우리에게 마음껏 비난을 쏟아 붓는다. 하지만 더이상 나는 혼자가 아니었다. 나는 사랑하는 이들과 함께 영적 싸움을 시작했고, 그리스도 안에서 승리할 권세와 능력을 받았다. 내 눈에서도 바울과 같이 비늘 같은 것이 벗겨져 마침내 다시 진짜 내 모습을 볼 수 있게 되었다.

나는 진리를 만났다. 그리고 바울에 따르면 "육에 속한 사람은 하나님의 성령의 일들을 받지 아니하나니 이는 그것들이 그에게는 어리석게 보임이요, 또 그는 그것들을 알 수도 없나니 그러한 일은 영적으로 분별되기 때문"이지만 우리는 "그리스도의 마음"을 가졌다(고전 2:14, 16).

신령한 사람은 진리의 이끌림을 받는다. 신령한 사람이 오랫동안 어둠 속에 갇혀 있다 해도 여전히 진리가 그를 이끈다. 나는 앤의 말이 옳다는 것을 알았다.

분명 나는
변하고 싶다

흥미로운 사실은 그 고통의 계절 동안에도 내 사역을 둘러싼 모

56

든 상황은 문제가 없어 보였다는 점이다. 나는 믿음을 부여잡기 위해 애쓰는 와중에도 열정적으로 예수님을 선포하고 수많은 인생의 변화를 목격했다. 사실상 나는 믿음으로 충만하고 믿음에 둘러싸여 있었다. 단지 그 믿음을 스스로 느끼지 못했을 뿐이었다. 순간순간 내가 철저히 패배자처럼 느껴졌다.

중요한 사항 전문가의 도움이 필요하다

낮은 수준의 불안감을 아주 오랫동안 안고 살아왔는가? 아니면 증세가 훨씬 더 심각한가?

내 주변에는 예수님을 깊이 사랑하면서도 수시로 자살 충동과 씨름하는 두 명의 사람이 있다. 미국 정신질환자 연맹(National Alliance on Mental Illness)에서는 "매년 성인 5명 중 1명 꼴로 정신 건강 문제를 겪고 있다"[1]라고 발표했다. 정신 질환은 그만큼 만연해 있다. 혹시 정신 질환을 겪고 있다면 당신을 꼭 안고 당신의 두 눈을 보며 이렇게 말해 주고 싶다. "이것(불안, 우울증, 조울증, 자살충동)은 당신의 잘못이 아니에요."

실제로 몸의 화학적 균형이 깨져 있는가? 얼마나 힘들지 충분히 이해한다. 가족 중에도 뇌의 호르몬을 조절하기 위해 치료약을 복용하는 사람들이 적지 않다. 그런 약을 먹는 것은 전혀 수치스러운 일이 아니다. 오히려 그런 도구를 주신 하나님께 감사하기를 바란다.

이 책에서 하나님이 우리에게 생각에 관한 선택권을 주셨다는 말을 자주 하겠지만 그것은 우리가 자신의 생각의 힘으로 정신질환에서 벗어날 수 있다는 뜻이 아니다. 내가 아무것도 할 수 없을 정도로 극심한 불안감을 겪어 봐서 누구보다도 잘 안다.

이 분야의 전문가의 도움을 받아야 할 때가 있다. 이 책에서 우리가 언제라도 쉽게 받을 수 있는 도움이 있다는 사실을 보여 주고 싶다. 한 가지 생각을 하는 법을 배우면 정신 질환을 비롯해서 어떤 문제로 괴로워하든 큰 도움이 될 것이다.

지금 생각해도 안타까운 사실은 내가 18개월 동안이나 생각의 소용돌이 속에서 허덕일 필요가 없었다는 것이다. 당신도 마찬가지이다. 18개월 동안이나 생각의 소용돌이 속에 갇혀 있을 필요가 없다. 단 18'분'도 그럴 필요가 없다. 아니, 아예 생각의 소용돌이 속에 갇힐 필요가 없다.

이제부터 하려는 말을 몇 가지 이유로 망설였다. 혹시 회의적인 생각을 하고 있는가? 평생 어떤 속박에 단단히 묶여 살아왔는가? 그래서 내가 너무 쉽게 말하는 것처럼 들리는가? 자유를 좇기는커녕 '상상'도 할 수 없을 지경인가?

사실, 나와 당신은 일순간에 변할 수 있다. 과학이 이것을 증명해 주고 있다. 우리의 뇌는 신경 회로로 가득하다. 개중에는 얕아서 쉽게 바뀔 수 있는 신경 회로도 있고, 평생 머릿속을 맴돈 유해한 생각으로 깊이 파인 주름도 있다. 어떤 경우든 하나님은 그것을 치유할 만큼 강하시다.

두 친구와 함께 금식하며 기도한 끝에 나는 새롭게 깨어났다. 덕분에 짙은 안개가 갑자기 걷혀 눈앞이 훤해진 것처럼 또렷하고 분명하게 사고할 수 있게 되었다. 그때부터 나는 마음에 관한 성경 말씀들을 공부하기 시작했다.

내가 처음 공부한 성경 구절은 우리가 앞서 살짝 본 로마서 12장 2절의 바울의 말이다.

> "너희는 이 세대를 본받지 말고 오직 마음을 새롭게 함으로 변화를 받아 하나님의 선하시고 기뻐하시고 온전하신 뜻이 무엇인지 분별하도록 하라."

변화되기를 원하는가? 그렇지 않다면 이 책을 집어 들었을 리가 없다. 또 다른 이유가 있을까? 그러니까 텔레비전이 손짓을 하고 싱크대 안에 설거지거리가 잔뜩 쌓여 있다. 이 외에도 해야 할 일이 산더미이다. 그런데도 지금 당신은 이 책을 펴고 있다. 필시 그것은 변하고 싶고 변화되기를 소망하기 때문일 것이다.

이제 우리는 대부분의 사람들이 감히 덤빌 엄두도 내지 못하는 뭔가를 공격할 것이다. 사실 용기가 부족한 것이 아니다. 대부분의 사람들이 싸우지 않는 것은 싸움이 벌어지고 있는지조차 모르기 때문이다. 그들은 자신들을 향한 총공격이 벌어지고 있다는 인식조차 하지 못하고 있다. 그들은 사탄이 자신들을 공격하고 있는지 모르고 있다. 사탄이 자신들을 짓밟으려고 계획을 세우고 있는지 전혀 모른다. 그들은 아무것도 모른 채 살아가고 있다.

바로 내가 약 1년이 넘는 시간 동안 그랬다. 하지만 진리가 내 어둠을 깨뜨리면서 모든 것이 변하기 시작했다. 단, 순진한 생각은 금물이다. 우리의 생각은 우리 안에 있는 가장 깊고 어둡고 견고한 진이기 때문에 우리가 그 진에서 풀려나는 것을 막기 위해 우리의 원수는 발악을 할 것이다.

따라서 우리는 단순히 증상만을 다루지 않을 것이다. 우리 안에 있는 어둠의 뿌리와 전면전을 벌일 것이다. 깊이 파고들어가 뿌리를 뽑아야 한다. 그러려면 노력이 필요하다. 인내가 필요하다. 우리를 향한 하나님 은혜의 소낙비가 필요하다.

절박해진 내가 18개월 동안 겪고 있던 생각의 소용돌이를 친구들에게 털어놓은 뒤 우리는 이 소용돌이를 향해 하나님이 주신 모든 무기를 휘둘렀다. 내가 사탄의 공격을 알아채고 반격을 시작하자 놀랍도록 빠른 속도로 치유가 찾아왔다. 주름이 깊이 파인 다른 소용돌이에 대해서는 치유에 꽤 시간이 걸릴 수 있다. 하지만 어떤 경우든 우리가 휘두르는 무기는 동일하다. 우리는 생각에 사로잡히지 말고 매일 생각을 사로잡기 위해 싸워야 한다.

조금 전에 친구에게서 문자 메시지가 왔다. 내 웹사이트가 포르노 사이트에 해킹을 당했다는 것이었다. 그렇다. 내가 사탄과 전쟁을 벌일 것이라고 이야기하자마자 곧바로 사탄이 나를 공격해 왔다. 우연일까? 나는 그렇게 생각하지 않는다.

5

달려오는 생각들,
그 방향을
바꿀 수 있을까

앞서 말했듯이 모든 생각을 사로잡는 것은 불가능한 일처럼 보인다. 매 순간 우리의 머릿속에서 떠오르는 생각들을 고려하면 특히 더 그렇다. 사람이 하루에 3만 개 이상의 생각을 한다고 하니 1분에 약 31개의 생각을 하는 셈이다. 그런데 내가 딱 한 가지 생각을 사로잡는 것에 관해 말했던 것이 기억나는가? 하나의 생각이 생각의 소용돌이에 제동을 걸어 정신적 혼란을 잠재울 수 있다면 어떠할까?

바울의 삶은 이 과정을 잘 보여 준다. 눈에서 비늘 같은 것이 떨어진 후 그의 삶과 마음은 완전히 새로워졌다. 이제 그의 머릿속에 더 이상의 다른 소망, 다른 내러티브, 다른 노래는 없었다. 그는 정신을 혼란스럽게 만들던 것들을 몰아내고 오직 한 가지에만 집중했다. 그는 빌립보서 1장 21절에서 이렇게 말했다. "내게 사는 것이 그리스도니 죽는 것도 유익함이라." 그의 삶과 마음은 오로지 그리스도께만 집중되었다.

바울은 큰 변화를 겪어 완전히 새로운 사람이 되었다. 더 이상 그는 환경이나 감정의 노예가 아니었다. 이제 그는 자기 안에서, 자신을 통해, 자신을 위해 나타나는 그리스도의 능력을 늘 의식하며 살아가기로 선택했다. 이제 그에게는 성령의 능력, 곧 그리스도를 죽음에서 살리신 능력이 있었다(롬 8:11). 그는 그 힘을 의식하고 의지하며 살아가기로 선택했다. 바울의 다음 선포는 실로 대담하기 짝이 없다.

> "우리가 육신으로 행하나 육신에 따라 싸우지 아니하노니 우리의 싸우는 무기는 육신에 속한 것이 아니요 오직 어떤 견고한 진도 무너뜨리는 하나님의 능력이라 모든 이론을 무너뜨리며 하나님 아는 것을 대적하여 높아진 것을 다 무너뜨리고 모든 생각을 사로잡아 그리스도에게 복종하게 하니 너희의 복종이 온전하게 될 때에 모든 복종하지 않는 것을 벌하려고 준비하는 중에 있노라"(고후 10:3-6).

유진 피터슨(Eugene Peterson)의 메시지(Message) 성경은 위의 구절 중 마지막 부분을 다음과 같이 번역한다.

> "우리는 하나님의 강력한 도구를 사용하여 뒤틀린 철학을 분쇄하고 하나님의 진리를 가로막기 위해 세워진 장벽들을 허물고 모든 흐트러진 생각과 감정과 충동을 그리스도께서 조성하신 삶의 구조에 맞게 변화시킵니다. 우리의 도구는 모든 방해의 원인을

제거하고 성숙에 이르는 순종의 삶을 세우는 데 즉시 쓸 수 있도록 준비된 도구입니다"(고후 10:5-6 메시지성경).

내가 이 구절에서 깨달은 통찰은 이것이다. 당신과 나는 마음속의 견고한 진을 허물고 우리의 생각 패턴을 지배하는 거짓말을 파괴하기 위한 능력을 하나님께 받았다. 우리는 그 일을 해낼 능력과 권세를 가지고 있다! 그런데도 우리는 마음속의 생각을 다스릴 힘이 전혀 없는 것처럼 살아가고 있다. 만약 아이가 마트에서 말썽을 피운다면 부모는 당연히 혼을 내서 행동을 바로잡아 줄 것이다. 하지만 우리의 마음에 대해서는 아무리 날뛰어도 바로잡을 생각을 하지 않는다.

생각의 늪에 빠진 18개월 내내 나는 내 안에서 일어나는 하나님에 대한 의심의 희생자가 되었다. 너무 오랫동안 부정적인 생각의 희생자로 살았다. 혹시 당신도 그런가? 당신도 자신이 생각의 희생자라고 믿으며 인생의 많은 시간을 허비해 왔는가?

바울은 그렇게 살 필요가 없다고 말한다. 자신의 생각을 사로잡을 수 있다고 말한다. 우리는 하나님이 주신 능력으로 유해한 생각의 견고한 진을 뒤흔들어 허물 수 있다.

　자신의 생각들에 대해 능력을 발휘할 수 있다니 좋지 않은가? 하지만 고개를 갸웃거리는 당신의 모습이 눈에 선하다. "귀에 솔깃한 말이긴 하지만 … 어떻게 해야 하지?"

　앞으로 하나님이 우리에게 주신 무기들로 싸움을 하는 법을 배워 갈 것이다. 우리를 공격해 안정되고 건강한 마음을 지키려는 노력을 무너뜨리려고 하는 7가지의 적이 있다. 이 적들을 상대하기 위한 무기들을 살펴보도록 하자.

　여기서 큰 그림을 그려 보자면 이렇다. 우리는 혼란스러운 생각의 삶을 살고 있다. 이런 생각은 주로 부정적인 감정으로 이어진다. 부정적인 감정은 우리의 행동을 결정한다. 이런 행동은 관계에 지대한 영향을 미친다. 이렇게 우리가 앞서 살폈던 생각의 소용돌이가 계속된다. 요지는 결국 우리의 생각이 삶을 결정한다는 것이다.

　이것이 두려운 소식처럼 들릴 수 있지만 사실은 기쁜 소식이다. 우리가 매일 모든 상황 속에서 모든 생각을 사로잡을 수는 없을지 몰라도, '한 가지' 생각을 사로잡아 나머지 모든 생각에 영향을 미칠 수는 있다. 자, 그렇다면 모든 부정적인 생각의 패턴을 뒤흔들 수 있는 한 가지 생각은 무엇일까? 그 생각은 바로 다음과 같다.

"나에게 선택권이 있다."

모든 부정적인 생각을 뒤흔드는 한 가지 생각은 이것이다. "나에게 선택권이 있다."

예수님을 구주로 믿었다면 선택할 수 있는 하나님의 능력이 우리 안에 있다! 우리는 더 이상 충동, 정욕, 견고한 진을 비롯한 그 어떤 죄의 노예도 아니다. 무엇을 생각할지 선택할 수 있는 능력을 하나님께 받았기 때문이다. 무엇에 에너지를 집중할지 선택할 수 있다. 무엇을 위해 살지 선택할 수 있다.

"나에게 선택권이 있다." 우리는 행동이나 유전자나 상황의 지배를 받지 않는다. 우리는 충동이나 정욕이나 감정의 지배를 받지 않는다. 우리는 생각의 지배를 받지 않는다. 우리는 선택할 수 있다. 우리는 견고한 진을 파괴할 무기를 지닌 정복자이기 때문이다.

물론 우리가 상황 자체를 선택하기는 힘들다. 하지만 바울은 우리가 어려운 상황에 관해 어떻게 생각할지에 대해서는 선택할 수 있다고 말한다. 나는 이 진리를 사랑한다. 힘든 상황은 누구나 겪는다. 여성들과 마주앉아서 이야기를 들어보면 사는 곳을 막론하고 다 비슷한 고충을 토로한다. 우간다의 흙집에서 현지 여성들과 이야기를 나누어 보아도 크게 다르지 않다. 통역관과 함께 흙바닥에 앉아 귀를 기울이면 그곳의 여인들도 나처럼 자녀 문제로 골머리를 썩고 있다.

그중 두각을 나타내는 사람들은 스스로 문제를 해결하려고 하지 않고 예수님을 믿기로 선택한 사람들이다. 이 믿음의 영웅들은 자기 생각의 지배를 받지 않는다. 그들은 감정의 지배를 받지 않는다. 그들은 하나의 주된 목표를 바라보며, 매사에 그리스도에 관해서 생각하기 위해 온힘을 다해 노력한다. 예수님은 그들의 모든 생각이 돌아가는 주축과도 같다. 그들의 마음은 오직 그리스도께만 집중된 채로 움직인다.

그런 의미에서 묻고 싶다. 당신은 무엇에 집중하고 있는가? 다시 말해, 당신이 아침저녁으로 생각하는 것은 무엇인가? 나의 절친한 친구들은 내가 무엇에 집중하는지를 잘 안다. 그것은 쉽게 숨길 수 없기 때문이다. 말과 감정과 크고 작은 결정에서 내가 무엇을 생각하는지가 분명하게 드러난다. 내가 어떤 책을 읽고 어떤 팟캐스트를 구독하고 어떤 웹사이트를 자주 방문하고 어떤 그룹에 가입하고 무엇에 집착하는지를 보면 내 머릿속에 흐르는 주된 생각이 무엇인지를 알 수 있다.

자녀가 언젠가 반항할지 모른다는 생각을 자주 하는가? 그렇다면 필시 당신은 자녀 양육서를 자주 읽을 것이다. 건강하지 못해서 병에 걸릴까 봐 늘 노심초사하는가? 그렇다면 틈만 나면 건강 관련 동영상을 보고 건강 보조 식품에 적잖은 돈을 쓸 것이다.

나는 대학 시절부터 꽤 오랫동안 씨름해 온 식이장애에 관한 글을 쓴 적이 있다. 내 식이장애는 아칸소대학(University of Arkansas)에서 치어리더로 활동할 때 시작되었다. 당시 우리는 매주 몸무게를 쟀다. 지난주에 비해 1.3킬로그램 이상 살이 찌면 그 주의 경기에서는 벤치 신세였다.

나는 자나 깨나 식사에 관해서 생각했다. 머릿속에서 다이어트라는 단어가 떠나지 않았다. 무엇을 먹고 무엇을 먹지 않을지가 늘 관건이었다. 체중 측정이 끝나도 내 집착은 끝나지 않았다. 나는 음식에 대한 더 깊은 집착으로 계속 빠져들었다. 그러다 바울의 유명한 말을 읽게 되었다. 내 생각을 사로잡아 그리스도께 복종하게 만들 수 있다는 것을 알게 되었다. 정신이 번쩍 들었다. 내 생각의 소용돌이가 흔들렸다. 내 삶과 마음을 다스릴 힘을 회복하기 시작했다.

하나님은 우리에게 이 집착을 끝낼 힘을 주셨다! 이것이 바울이 이 구절을 통해 해 준 말이다. 이것은 내게 너무도 절실히 필요했던 소식이었다. 남은 문제는 "어떻게?"였다. 생각의 소용돌이를 어떻게 뒤흔들 것인가?

상황에 따라 상담이 하나의 답일 수 있다. 공동체도 유용하다. 금식이 필요할 수 있고, 기도가 효과적일 수 있다. 하지만 상황에 상관없는 한 가지 답은 하나님께 시선을 고정하는 것이다. 하나님의 임재와 능력과 은혜와 말씀을 바라보는 것이다. 모든 소용돌이를 뒤흔들 수 있다. 하나님의 광대한 통제권 밖에 있는 집착은 없다. 우리는 "새로운 피조물"이기 때문에 선택권을 가지고 있다(고후 5:17).

하나님은 우리에게 생각의 소용돌이를 변화시킬 능력과 도구와 성령을 주셨다. 자, 이 무기를 적극적으로 휘두를 텐가? 그럴 때 놀라운 변화가 나타나기 시작한다. 새로운 생각을 하면 실제로 뇌가 변한다. 새로운 생각을 하면 더 건강한 신경 연결이 이루어진다. 새로운 생각을 하면 새로운 길이 열린다. 새로운 생각을 하면 우리의 모든 것이 변한다.

정신적
리셋

나는 뇌에 관하여 연구를 하던 중 임상 정신의학 교수인 다니엘 시겔(Daniel Siegel) 박사를 만나게 되었다. 그는 이렇게 말했다.

> "주의를 집중할 때 신경 점화와 연결이 이루어진다. … 흔히 고정되어 있다고 생각하는 패턴들이 사실은 정신적인 노력으로 바꿀 수 있는 것들이다. … 이 정신과 인식의 활동에서 우리는 전혀 수동적이지 않다."[1]

우리의 뇌는 자신이 생각하는 쪽으로 변해간다. 신경학의 관점에서 보면 삶은 생각이 향해 있는 쪽으로 변해간다. 모든 것은 하나의 생각에서 시작된다. 그 다음에는 또 다른 생각, 그 다음에는 또다시 하나의 생각이 연결된다.

당신은 주로 무엇에 관해 생각하는가? 그것을 말해 주면 당신이 어떤 사람이고 어떤 삶을 살고 있는지 꽤 정확하게 말해 줄 수 있다.

내 아들 쿠퍼를 예로 들어보자. 쿠퍼는 10세이다. 아이의 몸과 마음과 감정이 소용돌이에 빠져 가라앉기 시작할 때마다 나는 그 소용돌이를 뒤흔들기 위해 노력한다. 어떻게든 아이의 생각이 향하는 방향을 바꿔 놓으려고 한다. "애야, 이제 그만. 엄마는 너를 사랑한단다. 괜찮아. 걱정할 필요 없어. 다른 것을 선택하렴. 이 거짓말에 질 필요가 없어."

나는 아들에게 무엇이 진짜인지 말해 준다. 아들에게 무엇이 참된지 말해 준다. 그러고 나서 아이에 관한 진실이 나에게도 똑같이 적용된다는 점을 기억하려고 노력한다.

이 진실은 당신에게도 똑같이 해당된다. 우리는 늘 아이들을 바로잡아 준다. 그런데 우리 자신도 바로잡는 것이 어떤가? 그러려면 먼저 변화가 가능하다는 사실을 기억해야 한다. 다시 말하지만, 우리에게는 선택권이 있다! 이 진리를 더 자주 더 굳게 붙잡을수록 생각의 소용돌이를 뒤흔들기가 더 쉬워진다.

이제부터 당신과 함께 탐구하려는 패턴들을 꾸준히 연습한 결

결과

관계

행동

생각

나는 '그리스도의 마음'을
선택하리라

감정

〈그림2〉

과, 내 생각을 바꾸는 일이 훨씬 쉬워졌다. 〈그림2〉를 보라. 이번에
는 바닥에서 시작된다. 더 이상 내려갈 수 없는 바닥에서 감정과 생
각이 출발한다. 그리스도의 마음을 선택하면 이 감정과 생각을 중
단하고 변화시킬 수 있다.

이 싸움 중에 로마서에 기록된 바울의 다음 말이 얼마나 참인지
를 그 어느 때보다도 분명히 경험했다.

> "내 속사람으로는 하나님의 법을 즐거워하되 내 지체 속에서 한
> 다른 법이 내 마음의 법과 싸워 내 지체 속에 있는 죄의 법으로
> 나를 사로잡는 것을 보는도다"(롬 7:22-23).

이것은 매일 싸워야 하는 싸움이다! 나는 아직도 완벽하지 않지
만 그래도 꽤 많은 진전이 있었다. 한때는 불가능하다고, 생각했던
변화가 분명히 나타나기 시작했다.

우리의 목표는 여기서도 한 걸음 더 나아가는 것이다. 바울이
오래전 로마 교회에 쓴 편지에 따르면 우리의 생각을 통제하는 것이
자동적이고도 반사적으로 이루어지는 수준에까지 이를 수 있다.

로마서 8장 8절에서 바울은 "육신을 따르는 자는 육신의 일을,
영을 따르는 자는 영의 일을 생각하나니"라고 말했다. 그는 계속해
서 다음과 같이 말한다.

"육신의 생각은 사망이요 영의 생각은 생명과 평안이니라 육신의 생각은 하나님과 원수가 되나니 이는 하나님의 법에 굴복하지 아니할 뿐 아니라 할 수도 없음이라 육신에 있는 자들은 하나님을 기쁘시게 할 수 없느니라 만일 너희 속에 하나님의 영이 거하시면 너희가 육신에 있지 아니하고 영에 있나니 누구든지 그리스도의 영이 없으면 그리스도의 사람이 아니라 또 그리스도께서 너희 안에 계시면 몸은 죄로 말미암아 죽은 것이나 영은 의로 말미암아 살아 있는 것이니라 예수를 죽은 자 가운데서 살리신 이의 영이 너희 안에 거하시면 그리스도 예수를 죽은 자 가운데서 살리신 이가 너희 안에 거하시는 그의 영으로 말미암아 너희 죽을 몸도 살리시리라"(롬 8:6-11).

지난 몇 달간 이 구절을 몇 번이나 읽었는지 모른다. 읽을 때마다 성령을 생각하는 마음을 가진다면 어떤 삶이 펼쳐질지에 관해서 깊이 묵상했다. 생명과 평강으로 충만한 마음, 늘 하나님에 관해서 생각하는 마음, 하나님이 어떤 분이시며 나를 통해 무엇을 행하기를 원하시는지 생각하는 마음 등 나는 내 마음이 이렇게 하나님께 온전히 고정되어 있을 때 하나님이 주겠다고 약속하신 '완벽한 평강'을 간절히 원한다(사 26:3).

다시 말하지만 나는 여전히 완벽하지 않다. 하지만 이런 생각을 예전보다 훨씬 더 자주 하고 있다. 나는 굳이 의식하지 않아도 매사에 육신의 생각이 아닌 성령의 생각을 할 수 있는 경지에 이르고 싶다. 이것이 우리가 부정적인 생각을 뒤흔드는 이유이다. 즉 마음의 부정적인 소용돌이를 완전히 잠재우는 것이 목표이다. 뒤흔들기의 기술을 사용할수록 완전히 새로운 마음, 곧 그리스도의 마음으로 자꾸만 변해간다.

소음이나 헛된 것의 소용돌이 속에 휘말려 있을 때, 우리는 고독과 침묵 훈련을 통해 다시 하나님께로 마음을 향하기로 선택할 수 있다. 외로움의 소용돌이 속에 휘말려 있을 때, 우리는 공동체를 통해 다시 하나님께로 마음을 향하기로 선택할 수 있다.

근심의 소용돌이 속에 휘말려 있을 때, 우리는 하나님의 선하시고 주권적인 목적을 믿음으로 다시 하나님께로 마음을 향하기로 선택할 수 있다. 냉소주의 소용돌이 속에 휘말려 있을 때, 우리는 예배를 통해 다시 하나님께로 마음을 향하기로 선택할 수 있다.

교만의 소용돌이 속에 휘말려 있을 때, 우리는 겸손을 통해 다시 하나님께로 마음을 향하기로 선택할 수 있다. 수치심의 소용돌이 속에 휘말려 있을 때, 우리는 공동체를 통해 다시 하나님께로 마음을 향하기로 선택할 수 있다.

현실 안주의 소용돌이 속에 휘말려 있을 때, 우리는 하나님과 사람들을 섬김으로써 다시 하나님께로 마음을 향하기로 선택할 수 있다.

나는 친구들과 금식 기도를 하고 나서 2부에서 다룰 바울의 패턴들을 열심히 실천한 결과, 다시는 한밤중에 두려움 가운데 깨지 않게 되었다. 아주 가끔 새벽 3시에 눈을 떠도 더 이상 불안과 무력감에 사로잡히지 않은 지 벌써 1년이 넘었다.

당신의 머릿속에 있는 부정적인 생각들을 뒤흔들면 그 힘이 약해진다. 하나님이 그렇게 해 주신다. 물론 매일 사로잡아 바로잡기를 반복해야 하는 생각들도 있다. 심지어 매시간, 아니 그보다 더 자주 사로잡아야 하는 생각들도 있다.

하지만 그 어떤 치명적인 생각들도 얼마든지 사로잡을 수 있다. 사로잡아 억제시킬 수 있다. 아무리 거센 소용돌이에서도 해방될 수 있다. 마음을 돌보는 법을 배울 수 있다. 이 문제에서 선택권을 가진 사람처럼 살아갈 수 있다. 그것은 실제로 우리에게 선택권이 있기 때문이다.

하늘 아버지께서는 우리로 하여금 생각의 소용돌이로부터 해방되기 위해 필요한 모든 것을 주셨다. 소용돌이에서 빠져나오기 위한 모든 방법과 필요한 것을 알려 주셨다. 예수 그리스도의 사랑과 피로 빠져나올 길을 마련해 주셨다. 생명과 평강으로 이어지는 생각을 하면 단순히 더 좋은 생각을 하는 것이 아니라 하나님께 더 가까이 다가갈 수 있다.

수많은 생각들로 인해 잠들기 어려운가? 생각의 고리를 끊지 못해 날이 밝아 오는 것을 본 적이 많은가? 온 세상이 캄캄한 새벽에 눈을 뜨곤 하는가? 만약 그렇다고 해도 부정적인 생각을 하며 신음

하기를 멈추라. 그 순간에 하나님을 찾으라. 그분의 인자하심과 긍휼하심을 기억하며 찾아와 주시길 기도하라. 매 순간, 매시간, 매일 예수님께 시선을 고정할 때 마음의 전쟁에서 승리할 수 있다.

6

죽이는 생각에서
살리는 생각으로

몇 달 전 우리 교회에서는 여성들이 함께 모여 이 책의 주제에 대해 공부했다. 6주간 모임을 가지면서 많은 인생이 변화되는 가슴 벅찬 경험들을 했다. 첫날 예배당으로 우르르 들어오는 여성들을 반겨 준 것은 "무슨 생각을 하고 있나요?"라는 질문이 적힌 거대한 화이트보드였다. 그 화이트보드에는 십여 개의 형광색 포스트잇이 붙어 있었고, 포스트잇마다 그 여성들이 자주 생각할 만한 주제들이 적혀 있었다. 이를테면 다음과 같은 것들이었다.

- 사람들의 의견
- 재정
- 계획
- 휴일
- 주말
- 뉴스

여성들이 자리에 앉기 전에 자신들이 자주 하는 생각들을 찾아

포스트잇을 떼어 내게 했다. 모두가 깊이 고민하며 포스트잇을 떼어 냈다. 그 저녁의 행사가 끝난 뒤 나와 팀원들은 얼마나 많은 여성이 어떤 포스트잇을 떼어 냈고 어떤 포스트잇이 그대로 남아 있는지를 확인했다.

인터넷에서 우리가 하루에 긍정적인 생각과 부정적인 생각을 얼마나 많이 하는지 검색해 보면 대다수(어떤 학자들은 무려 70퍼센트라고 주장한다)는 부정적이다.[1]

자, 성경 공부 모임 이야기로 돌아가 보자. 그 화이트보드에는 긍정적인 생각을 적은 포스트잇도 많았다. 그런데 여성들이 주로 어떤 포스트잇을 떼었을까?

- 일터에서의 스트레스
- 재정에 관한 스트레스
- 내가 충분히 선한가?
- 내가 가치 있는 사람인가?
- 실패
- 거부
- 고통

어떤 포스트잇이 그대로 남아 있었을까?

- 기쁨 선택하기
- 힘
- 좋은 기억들
- 내 마음

'도보 여행'이라고 쓴 포스트잇은 3개가 떼어져 있었다. 그나마 다행이다. 이 여성들이 생각하는 것들로 볼 때 그들이 어떤 가정을 하고 있는지 충분히 짐작해 볼 수 있다. 필시 "다들 내가 얼마나 엉망인지 알면 싫어할 거야" 혹은 "완벽해야 가치가 있는 것이니 나는 무가치한 존재야"와 같은 가정일 것이다.

이런 가정에서는 좌절감, 분노, 의기소침, 절망감, 당혹감, 열등 감, 수치심 같은 감정이 비롯한다. 이런 감정에서는 "내 분야에서 성공하기 힘들 거야", "나는 충분히 선하지 않아", "아무도 나를 사랑하고 받아주지 않을 거야", "빚에서 벗어나기는 틀렸어"와 같은 믿음이 형성되기 시작한다. 이런 믿음은 자신의 고통을 마비시키거나 두려움을 숨기거나 행복한 척하거나 주변에 담을 쌓는 식의 행동을 결과로 낳는다. 이런 행동이 오랫동안 반복되면 습관으로 이어지고 나중에는 삶으로 굳어진다.

그토록 많은 사람이 변화되지 못하는 것도 무리는 아니다. 부정적인 생각에 빠져서 매일같이 패배감에 빠진 채 눈을 뜨는 사람이 부지기수이다.

그 포스트잇들에서 보듯이 변화가 필요하다. 물론 주로 평강이나 만족이나 기쁨 같은 감정을 주로 느끼는 사람들도 있다. 하지만 그런 사람이라 하더라도 살다보면 어려움을 만나기 마련이고, 어려움을 만나면 부정적인 감정에 휩싸일 수 있다. 인생이 그렇지 않은가. 우리는 고난이 가득한 세상에서 살고 있다. 예수님의 말씀처럼 "너희가 환난을 당하나"(요 16:33)라고 말씀하신 것과 같다.

그러나 좋은 소식이 있다. 자신의 감정이 생명을 갉아먹는 새빨간 거짓말에서 비롯하였어도 우리는 하나님 안에서 생명에 필요한 모든 것을 이미 받았다(벧후 1:3). 다시 말해, 우리는 얼마든지 회복되어 온전한 삶을 살 수 있다.

작년 에스더와 앤과 함께 우간다를 다녀온 뒤로 나는 이런 탈출 계획을 "변화"(the shift)라고 명명했다. 득이 아닌 해가 되는 생각의 패턴에 사로잡혀 있을 때 우리는 그 패턴에서 벗어나 새로운 생각의 패턴을 형성할 수 있다. 마음의 변화를 이룰 수 있다. 그렇게 마음이 바뀌면 감정이 바뀌고 결국 '삶 자체'가 변한다.

무엇보다 누구나 할 수 있다. 당신도 할 수 있다. 생각의 소용돌이에 휘말려 공포 속에서 살 필요가 없다. 두려움과 의심에 사로잡힌 채로 있을 필요가 없다. 혹시 일어날지 모르는 온갖 끔찍한 일을 떠올리며 불안해할 필요가 없다.

바울에 따르면 "뒤틀린 철학"(=극심한 의심)과 "하나님의 진리를 가로막기 위해 세워진 장벽들"(=불신)에서 눈을 떼어 "그리스도께서 조성하신 삶"에 시선을 고정하려면 전쟁 무기들을 들어 그릇된 생각의 견고한 진을 부수어야 한다(고후 10:6 메시지성경). 물론 이런 견고한 진을 인식하는 것이 출발점이다.

나는 무슨 생각을
하고 있을까

먼저 자신이 무엇을 생각하고 있는지 인식해야 한다. 그 생각의 정체를 정확히 파악해야 한다. 악은 들키기를 싫어한다. 악은 언제나 슬그머니 들어와 우리의 마음을 장악한다는 사실을 알아야 한다. 그래서 우리는 무엇이 잘못되었는지 좀처럼 눈치채지 못한다. 나도 그랬다. 눈치를 채는 것이 중요하다. 자신이 주로 무엇을 생각하는지 고민해야 한다. 자신의 생각에 관해서 그냥 생각만 하지 말고 종이와 펜을 가져와 적을 준비를 하라.

1단계

필요하다면 〈표1〉을 참고해 종이의 중앙에 지금 당신이 경험하고 있는 주된 감정을 적으라. 좋은 감정일 수도 있고 나쁜 감정일 수도 있다.

걱정, 평강, 압박감, 분노, 두려움 등 무엇이든 떠오르는 대로 적으라. 이제 그 단어에 크게 동그라미를 치라. 그 동그라미 주위로 그 감정에 일조하는 것들을 생각나는 대로 다 쓰라. 예를 들어 "쌓인 빨래거리", "일", "자녀들", "재정적인 스트레스", "외모에 대한 열등감" 등을 적으라. 각 요인들에 작은 동그라미를 치고 줄을 그어 큰 원에 연결시키라. 작은 동그라미들 근처에 그 요인이 당신의 감정에 어떻게 일조했는지를 적어 보라. 당신의 감정을 촉발시킨 요인들이 더 이상 생각나지 않을 때까지 계속해서 쓰라.

2단계

이것을 하나님께 아뢰라. 종이를 앞에 놓고 적은 것들에 관해서 기도하라. 성경책을 펴서 하나님이 주신 진리들을 찾아 그것들에 관해 하나님께 이야기하라. 하나님과 당신 자신에 관해서 어떤 그릇된 것들을 믿고 있는지 밝혀 달라고 요청하라.

자, 다음 단계로 넘어갈 준비가 되었는가?

3단계

그린 원들에서 패턴과 공통 주제를 찾으라. 통제할 수 없는 것들에 관해서 걱정하고 있는가? 억울하게 당한 일로 분노하고 있는가? 음식, 섹스, 오락, 돈 따위에 온통 생각이 사로잡혀 있는가? 과거에 저지른 실수로 인해 수치심에 사로잡혀 있는가? 자기 비판적인가?

자, 지금 당신은 이 활동을 왜 하고 있는가?[2] 당신의 생각들이

〈표1〉

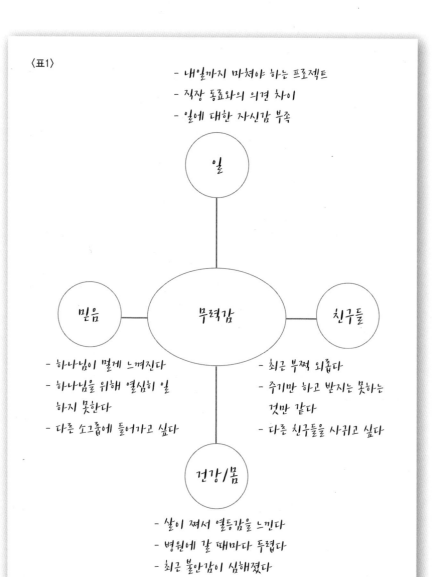

- 내일까지 마쳐야 하는 프로젝트
- 직장 동료와의 의견 차이
- 일에 대한 자신감 부족

일

믿음   무력감   친구들

- 하나님이 멀게 느껴진다
- 하나님을 위해 열심히 일
  하지 못한다
- 다른 소그룹에 들어가고 싶다

- 최근 부쩍 외롭다
- 주기만 하고 받지는 못하는
  것만 같다
- 다른 친구들을 사귀고 싶다

건강/몸

- 살이 쪄서 열등감을 느낀다
- 병원에 갈 때마다 두렵다
- 최근 불안감이 심해졌다

하나님에 관한 어떤 이야기를 만들어 내고 있는지 정확히 파악하기 위함이다. 그 이야기가 참된 이야기인가 아니면 거짓된 이야기인가?

유해한 생각의 패턴을 멈추려면 어떤 상황이 벌어지고 있는지 알아채고 행동을 취해야 한다. 하나님에 관해 우리가 믿고 있는 거짓들이 있다면, 진리를 무기로 삼아 반격해야 한다. 그리고 이 싸움을 효과적으로 하려면 도움이 필요하다.

그리스도의
마음을 얻다

세상을 살다보면 어떻게 하면 더 잘하고 더 나아질 수 있는지에 관한 온갖 조언들을 듣게 된다. 소위 전문가들이 자기계발서, 웹사이트, 논문, 광고 등으로 삶의 개선을 약속한다. 적절한 주문이나 운동, 재정 계획, 결단력이 더 낫고 보람 있는 삶으로 안내해 줄 것이라는 말을 들으면 희망과 기대감이 솟아난다.

성형 수술, 계획과 결단, 선포와 노력, 무엇을 통해서든 삶을 개선하고 싶지 않은 사람이 어디에 있겠는가. 지금보다 나아지고 싶지 않은 사람이 어디에 있겠는가. 현재 상태에 머물고 싶은 사람은 아무도 없다. 우리 모두는 성장하고 번영하기를 원한다.

요즘 들어 자기계발 전문가들이 큰 성공을 거두긴 했지만 자조(自

助)는 전혀 새로운 개념이 아니다. 예수님이 태어나시기 수백 년 전에도 사람들은 더 지혜롭고 나은 삶의 길을 가르치는 도덕서들을 썼다.

요즘과 같은 자조의 문화는 19세기에서 기원했다고 보는 편이 가장 정확하다. 예를 들어, 1859년 새뮤얼 스마일스(Samuel Smiles)는 아예《자조론》(Self-Help)이란 책을 썼다. 그 책에 실린 스마일스의 명언은 다들 한 번쯤은 들어보았을 것이다. "하늘은 스스로 돕는 자를 돕는다."

이 말은 너무 익숙해서 스마일스가 성경을 인용한 것으로 생각하는 사람이 많을 정도이다. 하지만 전혀 그렇지 않다. 이런 말은 성경 어디에도 없을 뿐 아니라 없어야 마땅하다. 스스로 도울 수 있는데 누가 하나님을 찾겠는가.

이런 개념은 자기계발 산업의 탄생에 일조했다. 시간이 갈수록 더 많은 전문가들이 합류했다. 예를 들어, 데일 카네기(Dale Carnegie)는《인간관계론》(How to Win Friends and Influence People)를 펴냈다.

더불어 심리 치료가 점점 더 유행했다. 자기계발에 관한 광고가 많아졌다. 자기계발 강사들이 대중을 끌어 모으기 시작했다. 그리고 지금 탈진실(post-truth)의 시대에 행복과 부, 성취, 온갖 꿈의 실현에 관한 약속이 사방에서 우리를 융단폭격하고 있다. 하지만 아이러니하게도 우리는 지독히 불행하다. 왜일까? 자기계발이 도움이 되긴 하지만 한계가 있기 때문이다.

자기계발이 우리의 고난, 단점, 소용돌이에 대해 해 줄 수 있는 것은 기껏해야 그것을 거부하거나 더 잘하겠다고 결단하거나 "오늘은 이 악순환이 멈출 거야!"라고 선포하게 해 주는 것뿐이다. 하지만 단순히 추락하는 생각들을 멈추는 것만으로는 부족하다. 우리의 마음이 '구속'되어야 한다. 속박은 구속을 필요로 한다. 억압은 회복을 필요로 한다. 눈이 먼 자는 보기를 원한다. 고집 센 마음은 변화되어야 한다.

스스로 힘을 다해 선포해도 이런 해방을 가져오지는 못한다. 우리는 완전한 변화를 필요로 한다. 우리의 마음이 그리스도의 마음으로 변해야 한다.

우리는 자신에 관해 더 좋은 생각을 하도록 지음을 받지 않았다. 우리는 자신에 관해서 덜 생각하고 창조주와 사람들에 관해서 더 생각하면서 생명과 평강을 경험해야 한다. "먼저 그의 나라와 그의 의를 구하라"(마 6:33). 예수님은 그렇게 말씀하셨다.

가장 큰 계명은 무엇인가? 바로, 하나님을 사랑하고 사람들을 사랑하라는 것이다(마 22:37-39). 예수님의 제자들인 우리에게 유일하게 참된 자조는 우리가 창조주의 아들딸이라는 사실을 믿는 것이다. 이 정체성이 하나님의 아들의 피로 확보되었다는 사실을 믿는 것이다.

자신에 관한 이 사실을 분명히 믿는 사람은 하나님과 그분이 보내주신 사람들을 사랑하고 섬기는 일에 관해서 더 생각한다. 자신의 상황이 어떠하든 늘 하나님과 타인을 생각한다.

물론 우리 힘으로도 어느 정도 개선을 이룰 수는 있다. 하지만 그렇게 해서는 성령의 열매를 거두고 그리스도의 마음을 얻을 수 없다. 스스로 삶을 통제하라고 조언하는 말이 완전히 틀린 것일까? 그렇지는 않다. 우리 스스로 해야 할 부분도 있다. 하지만 우리 안에서 변화를 일으키는 외부의 힘이 없이는 우리의 노력은 결승선을 넘지 못한다.

생각을 사로잡은 뒤에는 어떻게 해야 하는가? 그 생각을 그리스도께 복종시켜야 한다. 이것이 성령을 힘입는 새로운 마음, 새로운 정체성, 새로운 삶의 방식을 경험하는 길이다.

세상은 노력 없이는 발전이 없다. 오히려 웬만한 크리스천들보다도 더 잘 알고 있다. 하지만 자기계발은 기껏해야 기존의 자신을 개선해 줄 뿐이다. 하지만 그리스도는 완전히 새로운 사람을 원하신다. 그 안에 하나님이 계신 사람, 그리스도의 마음을 품은 사람, 성령의 열매가 뿜어져 나오는 사람을 원하신다. 우리는 시들어서 죽어가는 무과실나무에서 풍성한 열매를 맺는 과실나무로 변해야 한다. 완전히 새로운 피조물로 거듭나야 한다. 우리가 추구하는 이 변화야말로 인생에서 가장 중요하다.

하지만 우리는 단순한 자기계발 노력으로서 이 변화를 추구하지 않는다. 우리는 새로운 피조물로서의 삶, 진정으로 중요한 삶, 하나님이 약속하신 그리스도 안에서의 삶을 원하기 때문에 이 변화를 추구한다.

Get Out of
Your Head

Jennie Allen

Part 2

어떻게 하면
내 머릿속의
나쁜 생각에서
벗어날 수 있을까

7

전쟁을 선포하며

내 힘으로
소용돌이를
멈출 수 없다

2부를 시작하면서 당신의 바로 앞까지 다가가 이제부터 무엇을, 왜 할지 말해 주고 싶다. 자, 이제부터 전쟁을 위해 당신을 훈련시킬 것이다. 명심하라. 우리 세대의 가장 큰 영적 전쟁은 우리의 두 귀 사이에서 벌어지고 있다. 그곳이 전쟁의 중심이다.

하와는 금단의 과일을 먹기 전에 한 가지 생각을 했다. 그것은 "먹음직도 하고 보암직도 하고 지혜롭게 할 만큼 탐스럽기도" 하다는 생각이었다. 결국 "여자가 그 열매를 따먹고"(창 3:6).

다윗은 밧세바를 범하고 그 남편을 죽이는 죄를 짓기 전에 한 가지 생각을 했다.

"심히 아름다워 보이는지라"(삼하 11:2).

마리아는 예수님을 잉태하기 전에 한 가지 생각을 했다.

"주의 여종이오니 말씀대로 내게 이루어지이다(눅 1:38).

예수님은 십자가로 가시기 전에 한 가지 생각을 하셨다.

> "아버지여 … 내 원대로 마시옵고 아버지의 원대로 되기를 원하나이다"(눅 22:42).

생각은 우리의 삶을 형성한다. 역사 속에서나 삶 속에서나 모든 위대한 행위와 끔찍한 행위는 다 한 가지 생각에서 출발했다. 이 한 가지 생각은 부지불식간에 많은 생각을 낳고 결국 하나의 마음가짐으로 이어진다. 우리의 목표는 이러한 생각들에 주의를 기울여, 우리와 하나님이 원하시는 결과로 이어지는 마음가짐을 기르는 것이다.

하나님을 경외하는 생각은 역사와 영원의 물줄기를 바꿔 놓을 힘이 있다. 반대로, 우리 머릿속의 한 가지 거짓말을 그냥 놔 두면 상상할 수 없는 파괴를 가져올 수 있다.

우리의 가장 큰 전쟁은 자녀에게 고함치거나, 탈세를 하거나 하루 종일 휴대폰을 들여다보는 행동에 관한 것이 아니다. 우리의 가장 큰 전쟁은 동네 노숙자 쉼터나 교회 주차장에서 봉사하는 것도 아니다. 우리의 가장 큰 전쟁은 생각의 삶에 관한 전쟁이다. 생각이야말로 모든 말과 행동이 나오는 원천이다. 우리는 마음 먹는 대로 되지 않는다. 우리는 행하는 대로 되지 않는다. 우리는 생각하는 대로 된다. 그래서 성경은 그렇게 말한다.

"대저 그 마음의 생각이 어떠하면 그 위인도 그러한즉"(잠 23:7)

사탄은 우리가 생각하는 대로 된다는 것을 안다. 우리에 관한 거짓된 것들을 믿으면 하나님이 원하시는 것이 아닌 바로 사탄이 원하는 것을 믿는 것이다.

아마도 당신이 가장 자주 하는 생각이 무엇인지 알 것이다. 그 어떤 생각보다도 머릿속에서 자주 떠오르는 생각, 당신의 행동에 가장 큰 영향을 미치는 생각을 알고 있을 것이다.

원수는 변화는 꿈도 꾸지 말라고 말한다. 우리가 상황과 생각의 희생자일 뿐이라고 말한다. 원수는 우리가 현실에 안주하기를 원한다. 그저 죽지 않고 살아 있는 것에 만족하기를 원한다. 원수는 "나는 원래 이래"라는 거짓말을 심어 준다. 원수는 우리의 생각이 성격이나 자라온 환경과 깊이 결부되어 있어서 바꿀 수 없다고 속삭인다. 더 이상 속지 말자. 당하지 말자.

이제
선택할 차례이다

우리의 첫 번째 목표는 생각을 사로잡는 것이다. 파괴적인 생각을 과감히 직면해서 뒤흔드는 것이다. 우리에게는 선택권이 있다.

명심하라. 이 여행의 핵심은 행동의 변화가 아니다. 행동의 변화가 부산물로 따라올 수는 있지만 그것이 핵심은 아니다.

이 여행으로 당신의 상황이 바뀔 것이라고 약속할 수 없다. 여전히 실직 상태일 수 있다. 여전히 면역질환과 싸워야 할 수도 있다. 여전히 완벽한 남편을 찾지 못할 수도 있다.

모든 생각을 사로잡는 것은 외적 상황의 문제가 아니다. 그것은 온 지옥이 우리를 향해 달려와도 하나님이 우리와 함께하시고, 우리를 위하시며, 우리를 사랑하신다고 믿는 선택의 문제이다.

여기 더 좋은 소식이 있다. 생각을 사로잡고 진리를 믿으면 삶의 모든 측면이 변하고 상황을 초월하는 평강과 기쁨이 찾아온다. 어떻게 그럴 수 있을까? 예수님이 죄와 사탄과 죽음을 이기고 무덤에서 부활하셨기 때문이다. 그 부활의 힘이 복음으로 구속된 사람들 속에 있기 때문이다.

이것은 현재의 상황에서는 전혀 불가능할 것만 같은 기쁨으로 가는 여행이다. 이것은 의미없는 소비를 위해 사는 세상에서 목적을 가진 소비를 하겠다는 선언이다. 이것은 고통 중에 이해를 초월하는 하나님의 평강을 경험하기 위한 여행이다. 이것은 유례없는 방해와 소음 속에서 스스로 시간의 주인이 되어 사용하겠다는 다짐과 같다. 이것은 자기애에 빠진 문화 속에서 타인을 존중해 주기 위한 여행이다. 이것은 사람들이 싫어하는 말을 절대 하지 말라고 말하는 세상 속에서 사랑으로 진실을 말하는 법을 배우는 여행이다.

이 길을 갈 때 근심과 걱정이 가득한 세상 속에서도 우리는 기분 좋은 심호흡을 하고 평안히 잠을 이룰 수 있다. 이것은 세상과 다른 삶의 방식이다.

우리 신자들은 다른 세상의 시민들이다. 그러므로 그에 걸맞게 생각하는 법을 배우자. 이 2부에서는 내가 부정적이고 육적이고 세상적인 생각에서 초자연적이면서도 단순한 생각으로 나아가는 데 큰 도움이 되었다는 일련의 패턴들을 제시할 생각이다. 우리는 바울이 말한, 그리스도의 마음을 닮은 생각을 해야 한다.

요지를 잘 모르거나 핵심을 놓치고 엉뚱한 방향으로 흐르면 그다지 중요하지 않은 곁가지와 씨름을 벌이게 된다. 속는 줄도 모르고 엉뚱한 적과의 싸움에 힘을 허비하게 된다. 조심하지 않으면 어느 날 우리가 내내 엉뚱한 싸움을 벌여왔다는 사실을 깨닫고서 땅을 치며 후회하게 될 것이다. 많은 사람이 혈육과 싸우고 있지만 성경은 에베소서에서 분명히 말하고 있다.

> "우리의 씨름은 혈과 육을 상대하는 것이 아니요 통치자들과 권세들과 이 어둠의 세상 주관자들과 하늘에 있는 악의 영들을 상대함이라"(엡 6:12).

원수의 가장 큰 무기 중 하나는 '혼란'이다. 따라서 우리가 혼란에 빠지면 사탄에게 진 셈이다. 그런 의미에서 이제부터 우리가 마주한 문제, 우리가 받아들여야 하는 과제, 우리가 결국 얻게 될 승리에 관해 더없이 분명히 설명하도록 하겠다.

복잡한
문제들

모든 유독한 생각, 감정의 하향 소용돌이, 우리를 옭아매는 원수의 덫은 다 하나님에 관한 그릇된 생각과 관련이 있다.

문제를 지나치게 복잡하게 다룰 생각은 없다. 로마서 8장은 아주 간단명료하게 설명하고 있다. 즉 육신에 고정된 마음은 죄와 죽음으로 이어지고 성령께 고정된 마음은 생명과 평강으로 이어진다 (롬 8:5-6). 세상의 이치는 이렇게 간단하다.

하지만 마음이 육신에서 벗어나 성령께로 향하는 것은 그렇게 간단하지 않다. 영적 삶을 살기 위한 끊임없는 노력이 필요하다. 한 차례의 결단으로는 어림도 없다. 생각의 삶의 모든 영역에서 혼돈과 혼란을 떨쳐내고 그리스도의 평강으로 나아가기로 매일, 매순간 선택해야 한다.

여기서 다룰 모든 적은 우리의 삶을 놓고 전쟁이 벌어지고 있다는 분명한 현실을 가리킨다. 다음 3가지 장애물 중 하나가 우리와 승리 사이에 서 있다. 심지어 3가지 장애물이 한꺼번에 우리를 막고 있는 경우도 있다.

- 사탄
- 우리의 상처들
- 우리의 죄

사탄이 직접 공격하고 뻔한 전략을 사용하는 경우도 있다. 즉 악으로 유혹하고 고통을 가한다. 하지만 대개는 음흉한 방법을 쓴다. 성공으로 유혹하고 안위로 현혹시킨다. 우리가 중요한 것들에 대해 마비되고 냉담해질 때까지 그렇게 한다(고후 11:14).

또한 타락한 세상에 사는 우리들은 망가짐이 곧 삶이다(이생에서는 그렇다). 사방 어디를 보나 망가진 모습 천지이다. 망가진 가정들, 아무리 애를 써도 채워지지 않는 갈망, "정말 너무하는군!"이라고 비명을 지르게 만드는 인생의 상황들로 속에서는 눈물이 흐르지만 우리는 좀처럼 그 눈물을 의식하지 못한다. 평생 그렇게 살아왔기 때문이다. 그것이 우리가 아는 유일한 세상이기 때문이다. 우리는 망가짐으로 인한 상처를 안고 살아가면서도 그것을 다루거나 치유하려고 노력하기는커녕 잘 인식하지도 못한다.

이 두 가지 장애물만큼 힘든 것은 세상 모든 사람이 짓는 죄이다. 우리가 행하는 죄도 있고, 행해야 할 것을 하지 않는 죄도 있다.

대부분의 경우 우리는 사탄의 거대한 공격에 무너지지 않는다.

자신의 작은 선택들이 사탄이 원하는 바를 다 이룬다. 사탄은 땀 한 방울 흘리지 않아도 우리가 알아서 수동적인 태도에 빠지고 파멸한다. "도둑질하고 죽이고 멸망시키려는" 사탄의 뜻을 우리 스스로 이루어 준다(요 10:10).

솔직히 이 셋 중에서 무엇이 공격의 배후에 있는지 파악하기 어려운 경우가 많다. 하지만 상관없이 우리가 전쟁 중에 있는 것만큼은 분명하다! 따라서 분명한 전략이 필요하다.

내 마음을 향해
자주 달려드는 적을 찾다

전쟁 중에 자신을 보호하려면 각자가 어떤 적을 마주하고 있는지 파악할 줄 알아야 한다. 나는 내 마음을 향해 자주 달려드는 7개의 적을 찾아냈다. 적에게 적시에 적절한 무기를 사용하여 예수님과의 친밀함을 회복하고 전보다 더 자유롭게 사는 법을 살펴보도록 하자. 너무 큰 과제처럼 느껴지는가?

감사하게도 우리에겐 '크신' 하나님이 계신다. 우리를 위협하는 거짓말들을 규명해 보자. 우리가 적의 덫에 빠졌다는 신호들에 관해서 배워 보자. 마음의 전쟁을 싸우는 법을 배워 보자. 우리의 생각을 하나님께로 향하면 어떤 일이 벌어질까? 하나님이 어떤 분이시며 그분으로 인해 우리가 어떤 존재인지에 관한 진리에 시선을 고정하면 어떤 일이 벌어질까? 그것을 살펴보자. 진리로 살면서 공동체, 섬김, 감사 같은 것들을 실천하는 법을 배워 보자. 그러면 결국 승리를 거두게 될 것이다. 이 책에서 승리를 거두게 해 주는 비밀 무기를 공개하도록 하겠다.

우리의 것인
승리

신명기 20장에서 하나님은 전쟁 중에 이스라엘 백성들과 함께하신다는 사실을 상기시키신다. 그 말씀에서 우리와도 함께하신 하나님을 발견할 수 있다.

> "이스라엘아, 들으라 너희가 오늘 너희의 대적과 싸우려고 나아왔으니 마음에 겁내지 말며 두려워하지 말며 떨지 말며 그들로 말미암아 놀라지 말라 너희 하나님 여호와는 너희와 함께 행하시며 너희를 위하여 너희 적군과 싸우시고 구원하실 것이라"(신 20:3-4).

좋은 소식을 들을 준비가 되었는가? 하나님은 예수님의 십자가 희생을 통해 우리의 싸움을 그분의 싸움으로 삼아 주셨다. 예수님으로 인해 궁극적으로 모든 싸움은 이미 승리를 거두었다. 승리는 이미 당신의 것이다. 이미 나의 것이다.

이제 남은 것은 그 승리를 쟁취하는 일이다. 우리 마음의 적들과 싸워야 한다. 우리를 자유하게 하는 진리를 함께 바라보아야 한다. 하나님이 우리 안에 계시고 우리를 위하시므로 당신과 나는 이미 승리한 상태에서 싸울 수 있다. 하나님이 승리를 주실 줄 확신할 수 있다.

지금까지 우리는 모든 생각을 사로잡는 것이 어떤 의미인지에 대해 이야기했다. 그리고 부정적이고 유해한 생각들을 뒤흔드는 한 가지 생각이 무엇인지 알아보았다. 그 한 가지 생각은 곧, '내게 선택권이 있다'이다. 이제 우리는 우리를 마음대로 규정하는 거짓된 생각들을 정면으로 마주할 것이다. 그리고 거짓되고 부정적이며 유해한 모든 생각과 싸울 것이다. 이러한 생각들을 뒤흔들어 몰아내고 나면, 나의 진짜 모습을 제대로 볼 수 있게 된다.

그런 다음에는 생명과 평강, 그리스도의 마음, 성령의 열매를 선택할 것인지 죄와 죽음, 육신의 마음을 선택할 것인지 결정해야 한다.

다음 8-14장에 걸쳐서 진리에 관해 생각하도록 우리의 마음을 재훈련시킬 것이다. 유해하고 왜곡된 생각들과 전쟁을 벌이다보면 진리를 믿고 매 순간 하나님의 자녀라는 정체성을 가지고 자유롭게 살게 될 것이다. 우리를 오랫동안 옭아맸던 혼란스러운 생각의 소용돌이가 와해되고, 예수님이 죽음을 통해 주신 평강과 아름다움, 풍성한 삶이 찾아올 것이다.

"

그래, 하나님과의 조용한 시간(Quiet Time) 좋지.

하지만 내 스케줄을 보았어?

나는 홀로 있는 것을 좋아하는 스타일이 아니야.

나는 너무 조용하면 참지 못해.

큰 일을 하느라 바쁘신 하나님이

내 작은 문제를 돌아볼 틈이나 있겠어?

가만히 앉아 있을 시간이 없어.

할 일을 하지 않고 있으면 기분이 나빠.

방해와 소음에 갇힌다면(큐티)

조용히
하나님과 함께하기로
선택하라

최근 한 친구가 나를 찾아왔다. 감정의 소용돌이가 너무 심해서 육체에까지 영향을 미친 것을 분명히 볼 수 있었다. 나는 말하는 내내 금방이라도 쓰러질 것처럼 휘청거리는 친구를 팔로 붙잡아 주었다. 자녀 중한 명이 잘못된 길로 가고 있다고 했다. 정신이 없는 삶의 속도가 친구를 불안하게 했다. 단순한 오해로 절친했던 친구와의 사이도 갈라졌다.

그의 하소연을 들으면서 내 힘으로는 그 소용돌이를 멈출 수 없다는 것을 알았다. 이 문제들을 푸는 것도 중요하지만 먼저 평안을 가져다 줄 한 가지가 필요했다. 나는 친구의 눈을 지그시 보며 말했다. "너를 사랑해. 하지만 지금 너에게는 나보다 예수님이 필요해."

물론 친구에게 문제를 털어 놓으며 서로 연결되어야 할 때가 있다. 나도 할 수 있는 대로 도움을 줄 것이었다. 분명 이 친구는 눈앞의 난관들을 헤쳐 나가기 위해 주변 사람들의 도움이 필요했다. 하지만 소용돌이가 급격하고도 맹렬하게 움직일 때는 먼저 예수님과 둘만 보내는 시간이 필요하다. 이 친구는 오직 예수님만 주실 수 있는 것이 필요로 했다. 그래서 나는 말했다. "일단 나는 갈 테니까 하나님과 단 둘이 30분만 보내."

친구는 그렇게 하겠다고 했다. 조용한 가운데 우리는 하나님과 연결될 뿐만 아니라 무엇이 잘못되었는지를 더 분명히 볼 수 있다. 우리의 소용돌이를 인식하고 정확히 파악하는 것이 그것을 뒤흔들기 위한 첫 단계이다.

그는 심각한 소용돌이에 갇혀 답을 절실히 갈망하고 있었다. 하지만 24시간 뒤에 확인해 보니 그는 하나님과 단 둘이 있는 시간을 낼 수 없는 20가지 이유만 나열했다. 안타깝지만 충분히 이해한다. 나도 늘 그러기 때문이다.

영혼의 장기적인 건강에 가장 좋으면서도 가장 단순한 방법이 실천하기는 왜 그토록 어려운 것일까? 그 이유를 아는가? 그것은 예수님과 진정으로 친밀하게 교제하는 시간이야말로 우리의 믿음이 쑥쑥 자라고 우리의 마음이 급속도로 변화되며 우리 영혼이 소생하고 사람들에게 예수님을 전하고 싶은 마음이 강하게 일어나는 시간이기 때문이다. 그 시간은 소용돌이가 멈추는 시간이다. 다시 말해, 우리가 예수님을 만나는 것은 온 지옥이 사력을 다해 방해하는 일이다.

자신을 마주할 용기가 없어
바쁜 삶으로 도망치다

의심과 무거움 속을 헤매던 18개월 동안 나는 좀처럼 하나님과 단 둘이 보내는 시간을 보내지 않았다. 기껏해야 성경을 가르치기 위해 준비할 때만 겨우 하나님 앞에 앉았다. 그때 스스로 내린 처방은 연신 커피를 마셔가며 밤늦게까지 질주하는 것이었다. 정신없이 바삐 뛰어다니면 의심이 나를 따라오지 못했다. 온갖 것에 정신을 팔면 고통이 느껴지지 않았다.

내가 삶의 속도를 늦추고 내 영혼을 들여다봤다면 바로잡아야 할 것이 산더미처럼 쌓인 상태로 인한 무력감을 느꼈을지도 모른다. 그러나 하나님이 하실지 모르는 말씀을 듣고 싶지 않았다. 반대로, 하나님이 침묵하셔도 걱정이었다. 그러면 그분의 존재와 사랑에 관한 내 의심만 더 깊어질 테니 말이다.

우리가 침묵을 피하는 모습은 각양각색이다. 우리가 영혼의 구멍을 메우기 위해 선택하는 소음의 종류는 실로 다양하다. 가장 먼저 생각할 수 있는 것이 SNS다. 그런가 하면 자동차 안에서 계속해서 시끄러운 음악을 틀어 놓고 심지어 이어폰을 끼기도 한다. 가치 있는 일이라고 생각되는 것들로 우리의 스케줄을 꽉꽉 채운다. 감당하기 힘들 만큼 많은 모임에 참여하고 힘든 일만 생기면 누구보다도 앞장서서 나선다. 일일이 챙기지 못할 만큼 많은 친구들과 관계를 유지하려고 애를 쓴다. 하지만 외로움은 그대로이다. 하나님을 위해서 온갖 일을 하면서 정작 그분과 만나는 시간은 좀처럼 내지 않는다. 삶의 모든 면이 점점 무너져 내린다.

"너희는 가만히 있어 내가 하나님 됨을 알지어다"(시 46:10). 눈코

뜰 새 없이 바쁜 와중에는 하나님의 이런 음성을 듣기가 거의 불가능하다. 우리가 무엇을 피해서 도망치고 있는가? 무엇이 우리에게 절실히 필요한 조용한 공간과 시간을 내지 못하도록 막고 있는가? 자, 진실을 볼 준비가 되었는가?

물론 현대인의 삶은 너무도 바쁘다. 정말이지 잠시도 앉아 있을 틈이 없다. 하지만 이러한 바쁨 보다도 자기 자신, 나아가 하나님과 대면하기가 두려운 것도 큰 이유 중 하나이다. 우리는 하나님께 발견될까 봐 두려워한다.

물론 하나님은 모든 것을 보신다. 시편 기자의 말마따나 우리가 하려는 생각까지도 이미 알고 계신다(시 139:2). 하지만 인간과 달리 하나님의 은혜는 우리의 모든 흠을 덮고도 남을 정도로 깊고도 넓다. 하지만 에덴동산에서의 아담과 하와처럼 우리는 벌거벗은 자신을 보고 두려워서 숨는 편을 선택한다.

무엇을 두려워하는가? 자신의 삶과 내가 알고 사랑하는 사람들의 삶을 들여다본 결과, 몇 가지 두려움이 발견되었다.

첫째, 하기 싫은 일을 해야 할지 모른다는 두려움이다. 하나님과 단 둘이 함께하면 우리가 떠올리기를 회피해 왔던 일들이 기억나기 마련이다. 당신에게 잘못을 한 사람을 용서해야 하는가? 당신이 상처를 준 누군가에게 찾아가 용서를 구해야 하는가? 내내 미루어 왔던 약속을 이젠 이행할 때가 되었는가? 하나님 앞에 조용히 앉아 있다 보면 이 외에도 많은 할 일이 기억날 것이다.

둘째, 변화되라는 명령에 대한 두려움이다. 나아가 고독의 시간에 하나님은 특정한 행동만이 아니라 회개해야 할 것들도 기억나게 하신다. 밤에 몰래 보는 포르노, 툭하면 자녀에게 고함을 지르는 행동, 일터에서 일은 하지 않고 몰래 게임을 하는 것 등이 있다. 성령이 우리 삶의 질을 점검하시도록 시간을 내지 않으면 점점 그런 점검이 필요 없다는 착각에 빠져든다. 그런 점검 없이 사는 것이 쉽기는 하지만 절대 좋은 삶은 아니다(갈 6:7-9).

셋째, 혼자일지 모른다는 두려움이다. 내 경우는 이 두려움이야말로 다른 사람의 이야기 같지 않다. 내가 그 18개월 동안 왜 홀로 하나님을 만나는 시간을 갖지 않았을까? 하나님께 다가가도 아무런 응답이 없을지 모른다는 두려움 때문이었다. 그 두려움을 좀 더 빨리 떨쳐내지 못한 것이 너무 아쉽다.

경건의 시간(Quite Time)은 너무 조용하지(quite) 않은가? 주변의 모든 소음이 사라지면 우리의 머릿속은 오히려 더 시끄러워진다. 이 두려움의 이면에는 거짓말이 있다. 그것은 있는 모습 그대로 하나님께 다가가서는 안 된다는 것이다. 그럴 때 우리 눈에 가장 먼저 들어오는 것은 철저히 망가진 자신의 모습이기 때문이다.

사실 모든 사람은 망가져 있다. 바로 이것이 고요한 가운데 하나님과 단 둘이 만나는 시간이 필요한 이유이다. 그 시간에 하나님의 치유하시는 음성을 들어야 한다. 혼란과 소음이 아닌 하나님과 조용히 함께하는 시간을 선택해야 한다. 자기부인 또는 치유 둘 중 하나를 선택해야 한다.

이 거짓말을 계속해서 믿는 것이 왜 그토록 위험한가? 그것은 인간은 결코 중립인 채로 있지 않기 때문이다. 우리는 항상 뭔가로 다가가거나 뭔가에서 멀어지고 있다.

자신에서 도망치는 삶의 해결책은 자신을 극복할 수 있도록 도우실 수 있는 유일한 분께로 달려가는 것이다. 괜히 갔다가 굴욕을 당할 것이라는 생각은 새빨간 거짓말이다. 하나님은 우주를 창조하고 주권적으로 다스리며 죄와 죽음을 정복하신 분이면서도 고통, 의심, 수치, 그 외의 암담한 상황 속에서 우리와 함께해 주기를 원하신다. 이것이 진실이다. "하나님의 인자하심이 너를 인도하여 회개하게"(롬 2:4) 하신다고 했다.

거짓말 : 정신없이 바쁘게 살면 기분이 좋아질 거야.
진리 : 오직 하나님과 함께할 때만이 만족이 찾아온다.

주의 궁정에서의 한 날이 다른 곳에서의 천 날보다 나은즉(시 84:10).

조용한 가운데 하나님과 함께하기로 선택하리라.

우리에게는 선택권이 있다

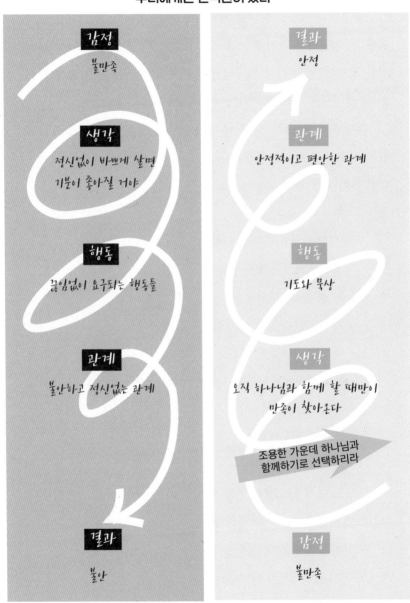

감정
불만족

생각
정신없이 바쁘게 살면
기분이 좋아질 거야

행동
끝임없이 요구되는 행동들

관계
불안하고 정신없는 관계

결과
불안

결과
안정

관계
안정적이고 편안한 관계

행동
기도와 묵상

생각
오직 하나님과 함께 할 때만이
만족이 찾아온다

조용한 가운데 하나님과
함께하기로 선택하리라

감정
불만족

〈그림3〉

일단 하나님과의 만남을 재개하고 나서 보니까 그 만남을 두려워했던 것은 전혀 근거 없는 두려움이었다. 사실, 이것은 너무도 당연한 결과였다. 우리가 하나님께 가까이 다가가면 어떤 일이 벌어질까? 하나님이 우리에게 가까이 다가오신다.

위의 표현은 크리스천들에게 세상의 길에 빠지지 말라고 경고하는 야고보서 4장에서 가져온 것이다. 4장에서 야고보는 다음과 같이 말한다.

> "세상과 벗된 것이 하나님과 원수 됨을 알지 못하느냐 그런즉 누구든지 세상과 벗이 되고자 하는 자는 스스로 하나님과 원수 되는 것이니라 너희는 하나님이 우리 속에 거하게 하신 성령이 시기하기까지 사모한다 하신 말씀을 헛된 줄로 생각하느냐 그러나 더욱 큰 은혜를 주시나니 그러므로 일렀으되 하나님이 교만한 자를 물리치시고 겸손한 자에게 은혜를 주신다 하였느니라 그런즉 너희는 하나님께 복종할지어다 마귀를 대적하라 그리하면 너희를 피하리라"(약 4:4-7).

그리고 나서 야고보는 이렇게 정리한다. "하나님을 가까이하라 그리하면 너희를 가까이하시리라"(약 4:8).

뭔가에 발목이 잡혀 하나님께 다가가지 못하고 있는가? 그분에게서 멀어져 있는 동안 너무 많은 죄를 지었는가? 그분 앞에 나아가지 않은 지가 너무 오래되어서 틈이 벌어질 대로 벌어졌는가? 상관없다. 그냥 자신을 낮추어 하나님 앞으로 나아가기만 하면 언제나 그 자리에서 우리가 돌아오기만 기다리고 계신 하나님을 발견하게 된다.

> "가라 이 사람은 내 이름을 이방인과 임금들과 이스라엘 자손들에게 전하기 위하여 택한 나의 그릇이라 그가 내 이름을 위하여 얼마나 고난을 받아야 할 것을 내가 그에게 보이리라"(행 9:15-16).

온전히 하나님께
집중하는 시간

우리의 몸은 조용한 시간을 갖도록 만들어졌다. 하나님은 우리를 이렇게 설계하셨고, 과학이 이 설계를 뒷받침해 준다. 하나님과 가지는 시간은 영적으로 우리에게 큰 영향을 미친다. 뿐만 아니라, 최근 부상하는 신경신학(neurotheology)에 따르면 조용한 묵상의 시간은 말 그대로 우리의 뇌를 변화시킨다고 한다.

우리를 끊임없이 방해하는 소음을 차단하고 하나님 앞에 조용히 앉아 그분의 말씀에 온 신경을 집중하면서 진정으로 묵상하면 다음과 같은 몇 가지 현상이 벌어진다.

먼저, 뇌가 생리적으로 변한다. "과학자들은 기도와 묵상 가운데 말없이 가만히 있는 훈련을 하는 사람들의 뇌가 여느 사람들과 다르다는 사실을 발견했다."[1]

그리고 생각이 바뀐다. "새로운 취미, 음악 연주, 명언 암송 같은 긍정적인 활동을 생각하면 부적절한 생각들을 몰아낼 수 있다."[2] 커버넌트 아이스(Covenant Eyes)의 샘 블랙(Sam Black)이 말했다.

그러면 편안할 때 발생하는 뇌파가 증가하고 근심과 불안은 줄어든다. "짧은 시간 동안 묵상을 하면 알파파(편안한 뇌파)가 증가하고 근심과 불안이 줄어든다는 연구 결과가 많다."[3]

뇌가 더 오래 젊음을 유지한다. "UCLA의 한 연구에 따르면 오랫동안 묵상을 해 온 사람들의 뇌가 그렇지 않은 사람들보다 나이를 먹어도 더 잘 유지된다."[4]

엉뚱한 생각이 줄어든다. "지난 몇 년 사이에 예일대학교(Yale University)에서 이루어진 가장 흥미로운 연구 중 하나에 따르면, 묵상이 잡생각과 자신에 관한 생각을 낳는 뇌의 네트워크인 디폴트 모드 네트워크(default mode network, DMN)의 활동을 줄여 준다고 한다.[5]

최종적으로 시각이 변한다. 성경 교사 찰스 스탠리(Charles Stanley)는 이렇게 말한다. "하나님의 말씀을 듣는 시간을 내면 그분이 우리를 얼마나 사랑하시는지와 인생의 모든 상황 속에서 우리를 돕기 원하시는 그분의 마음을 깨닫게 된다. 이런 시간을 통해 하나님은 성령의 능력과 은혜로 비범한 삶을 살 수 있는 확신을 주신다."[6]

다메섹 도상에서 예수님을 만난 사울의 이야기로 돌아가 보면,

그가 물과 음식과 시력을 비롯한 다른 모든 것에서 눈을 돌려 난생처음으로 자신의 삶을 분명하게 보았다는 사실을 발견할 수 있다. 사울처럼 우리의 문제에서 눈을 돌려 모든 해결의 열쇠를 손에 쥐신 유일한 분을 바라보면 지혜를 얻게 된다. 통찰을 얻게 된다. 하나님이 우리를 돕기 원하시며 도우실 수 있다는 사실을 깨닫게 된다. 세상만사를 겉으로 보이는 대로만 보지 않고 실제로 어떤 일이 벌어지고 있는지를 꿰뚫어 볼 수 있게 된다. 우리가 제멋대로 상상한 최악의 시나리오를 통해 전체 상황을 바라본 적이 얼마나 많은가.

우리는 그릇된 가정과 과도한 상상을 바탕으로 상황을 바라보곤 한다. 그릇된 가정과 과도한 상상은 무엇보다도 두려움, 쓸데없는 것들, 최악의 시나리오에 관심을 집중하게 만든다. 그렇다면 우리는 무엇에 관심을 쏟고 있는가? 두려움에 관심을 집중하고 있는가? 아니면 우리와 함께하겠다고 약속하시는 하나님께 관심을 집중하고 있는가? 의심에 관심을 집중하고 있는가? 아니면 변하지 않는 진리에 관심을 집중하고 있는가? 통제 욕구에 관심을 집중하고 있는가? 아니면 눈앞의 상황이 아무리 암담해도 우리를 향한 하나님의 계획에 관심을 집중하고 있는가? 다른 사람들과 비교하는 일에 관심을 집중하고 있는가? 아니면 하나님이 이미 주신 모든 것에 대한 감사에 관심을 집중하고 있는가? 건강, 예금 잔고, 직업, 배우자, 자녀, 후회스러운 일, 미래에 관한 걱정에 관심을 집중하고 있는가? 아니면 살아 계신 하나님께 관심을 집중하고 있는가?

내 경험에 의하면 일반적으로 사람은 한 가지를 하면 다른 한 가지를 할 수 없다. 여러 가지를 동시에 하는 것은 잘 되지 않는다. 우리를 파괴하는 것들에 관심을 집중하거나 그리스도가 주시는 가벼운 짐을 지거나 둘 중 하나만 할 수 있다.

> "수고하고 무거운 짐 진 자들아 다 내게로 오라 내가 너희를 쉬게 하리라 나는 마음이 온유하고 겸손하니 나의 멍에를 메고 내게 배우라 그리하면 너희 마음이 쉼을 얻으리니 이는 내 멍에는 쉽고 내 짐은 가벼움이라"(마 11:28-30).

예수님은 "내게 오라, 가만히 있어 내가 하나님 됨을 알지어다"라고 말씀하신다.

하지만 먼저
인스타그램부터

전형적인 월요일 아침이다. 아이들을 학교에 보내고 나서 하나님과 단 둘이 시간을 보내려고 마음을 먹는다. 하나님의 말씀과 지혜와 능력을 사모하는 마음이 강하게 일어난다. 내 뇌가 바뀌었다면 아이들을 학교에 내려 주고 집으로 곧장 돌아와 뜨거운 커피 한 잔을

조용한 가운데
하나님과 함께하기로 선택하리라

I Choose To Be Still

타 거실의 큼지막한 의자에 푹 기대 앉아 조용한 분위기에서 하나님과 교제할 것이다. 하지만 나는 아직 그 수준에 이르지 못했다.

차를 몰고 (제한속도 안에서) 최대한 빨리 교회에 간다. 우리 교회는 꽤 규모가 크다. 주차장도 운동장만하다. 예배당은 스타디움을 방불케 한다. 소예배실도 하나같이 큼직큼직하다. 교회 내 카페 역시 크다. 그 크기만큼 항상 사람들로 북적거린다. 나는 사람들이 많은 곳을 좋아한다. 하나님과 조용한 시간을 가져야 하는 아침에도 자꾸만 사람들이 바글거리는 곳에 가고 싶다. 재빨리 주차를 하고 카페로 달려가 지붕 있는 안뜰에 자리를 잡고 커피를 주문한다. 막 나무 의자에 등을 기대려는 찰라, 친구의 목소리가 들린다. "제니!" 친구가 내 쪽으로 걸어온다. "와, 정말 반가워!"

친구와 이야기를 나누고 있는데 또 다른 친구가 다가와 함께 수다 꽃을 피운다. 첫 번째 친구가 전화를 받기 위해 자리에서 일어서자 두 번째 친구의 지인이 다가와 인사를 한다. 항상 이런 식이다. 끝없는 교제와 이야기의 연속이다. 친구가 지나가다가 앉고 그 친구의 친구가 합석하다보면 30분이 훌쩍 지나간다. 괜찮다. 지독히 외향적인 성격이니만큼 이런 시간도 필요하다.

친구들과 친구의 친구들이 각자의 용무를 보러 자리를 뜬 뒤에 나는 다시 의자에 앉는다. 가방에서 헤드폰을 꺼낸다. 커다란 헤드폰을 착용함으로 지나가는 사람들에게 '용무 중'이란 표시를 확실히 한다. 성경책과 묵상 노트와 펜을 꺼내 30-40분간 살아 계신 하나님과의 만남을 가지려다가, 먼저 인스타그램과 이메일과 페이스북을 확인하고 나서 다시 인스타그램으로 돌아온다.

솔직히 작년 한 해 동안 내 생각을 사로잡기 위해 그렇게 애썼건만 여전히 조용히 앉아 있는 것이 세상에서 가장 힘들다. 하지만 동시에 우간다에서 돌아온 뒤로 내게 가장 도움이 되었던 습관이 바로 하나님과 단 둘이 보내는 시간이었다. 이것이 당신과 함께 세상적인 생각 패턴과의 싸움을 본격적으로 시작하기 전에 먼저 이 습관을 다루고 싶은 이유이다.

이 시간이 우리의 생각이 실제로 바뀌는 시간이다. 하나님과의 연결은 우리가 휘둘러야 하는 다른 모든 무기들의 기초이다. 초자연적인 변화를 원한다면 초자연적인 하나님께 찾아가야 하므로 그분과 함께하는 시간으로 시작해야 마땅하다.

갈라디아서 5장을 자세히 살펴보자. 갈라디아서 5장에서 바울은 하나님의 임재에서 멀어지는 것과 그분께 가까이 다가가는 것의 효과를 함께 기술하고 있다. "내가 이르노니 너희는 성령을 따라 행하라 그리하면 육체의 욕심을 이루지 아니하리라." 바울은 계속해서 다음과 같이 말한다.

> "육체의 소욕은 성령을 거스르고 성령은 육체를 거스르나니 이 둘이 서로 대적함으로 너희가 원하는 것을 하지 못하게 하려 함이니라 너희가 만일 성령의 인도하시는 바가 되면 율법 아래에

있지 아니하리라 육체의 일은 분명하니 곧 음행과 더러운 것과 호색과 우상 숭배와 주술과 원수 맺는 것과 분쟁과 시기와 분냄과 당 짓는 것과 분열함과 이단과 투기와 술 취함과 방탕함과 또 그와 같은 것들이라 전에 너희에게 경계한 것 같이 경계하노니 이런 일을 하는 자들은 하나님의 나라를 유업으로 받지 못할 것이요 오직 성령의 열매는 사랑과 희락과 화평과 오래 참음과 자비와 양선과 충성과 온유와 절제니 이 같은 것을 금지할 법이 없느니라 그리스도 예수의 사람들은 육체와 함께 그 정욕과 탐심을 십자가에 못 박았느니라 만일 우리가 성령으로 살면 또한 성령으로 행할지니 헛된 영광을 구하여 서로 노엽게 하거나 서로 투기하지 말지니라"(갈 5:17-26).

육체의 일에 관한 이 설명을 대수롭지 않게 넘어가기 쉽다. 단순히 주술과 같은 유혹을 받지 않는다고 해서 다른 종류의 육체의 일을 돌아보지 않는다면 큰일이다. 텔레비전 중독, 툭하면 자녀들에게 화를 쏟아내는 습관, 1년 반이 넘도록 하나님과 소원하게 지낸일 등 이 모든 것이 다 육체의 일이다.

내가 하나님의 임재를 얼마나 필요로 했는지 모른다. 그리고 지금도 여전히 필요하다. 왜일까? 내 눈에 아무리 훌륭해 보이는 하루도 하나님이 약속하신 삶에는 훨씬 미치지 못하기 때문이다. 당신도 마찬가지이다.

바울은 우리가 새로운 피조물이기 때문에 성령의 열매인 사랑을 실천하는 사람이 될 수 있다고 말한다. 어쩌다 한 번씩이 아니라 꾸준히 사랑하며 살 수 있다. 바울은 우리가 기쁨 넘치는 사람이 될 수 있다고 말한다. 우리는 자비와 인내와 화평의 사람이 될 수 있다. 바울은 우리가 양선의 사람이 될 수 있다고 말한다. 우리는 하나님께 점수를 받기 위해서가 아니라 우리 아버지께서 선하시기 때문에 선하게 살 수 있다. 바울은 우리가 충성의 사람이 될 수 있다고 말한다. 믿음이 흔들릴 필요가 없다.

내가 1년 반 전에 이 진리에 시선을 고정했더라면 얼마나 좋았을까? 하나님의 은혜로 지금은 늘 이 진리를 바라보고 있다. 바울은 우리가 온유와 절제의 사람이 될 수 있다고 말한다.

어쩌다 한 번씩이 아니라 매일, 매순간 이렇게 살려면 우리의 머릿속에서 소용돌이치는 부정적인 생각에 끌려 다니지 말고 성령의 인도하심을 구하며 살아야 한다. 다시 말해, 하나님의 임재 속에 들어가는 시간이 절실히 필요하다. 하나님 앞으로 나아가 이렇게 기도하라. "아버지, 상황을 제 눈에 보이는 대로 보지 않게 하소서. 하나님의 시선으로 상황을 보게 도와주소서."

구체적으로 어떤 생각을
해야 하는가

우리 그룹이 방해와 소음이 아닌 하나님과 함께하는 시간을 선택하는 문제에 관한 이야기를 나누고 있었다. 그때 근처 대학교 3학년생인 캐롤라인(Caroline)이 내게 말했다. "온갖 혼란과 소음이 아닌 하나님에 관해서 생각해야 한다는 말은 이해하겠어요. 그런데 한 가지 질문이 있어요. 하나님에 관해서 생각할 때 구체적으로 무슨 생각을 해야 하나요?"

나는 우리 그룹의 막내가 정말 중요한 질문을 던졌다는 사실에 깜짝 놀랐다. 이렇게 중요한 질문을 상투적인 대답으로 대충 다룰 수는 없다. 그리스도와 함께 거하는 것이 그토록 중요하면 구체적으로 어떻게 해야 하는가?

우리가 앞서 했던 정신적 지도 활동(그림3)이 기억나는가? 우리는 자신이 주로 어떤 감정을 왜 느끼는지 파악해 보았다. 이제 하나님 앞에 조용히 있는 시간이 어떻게 해서 모든 부정적인 생각의 패턴을 뒤흔들기 위한 전략의 기본이 되는지를 설명해 보겠다. 당신의 정신적 지도를 보면서 어떻게 하나님에 관해 생각하기만 해도 부정적인 생각의 소용돌이가 바뀔 수 있는지 생각해 보라.

당신이 일터에서의 어떤 상황으로 인해 스트레스와 분노에 사로잡혀 있다고 해 보자. 그럴 때 다음과 같은 생각이 침입하기 쉽다.

- "산더미처럼 쌓인 일 때문에 너무 힘들어."
- "승진에서 제외된 일 때문에 화가 나."
- "프로젝트의 진행이 지지부진해서 자존감이 낮아진 팀원이 걱정이야."
- "사사건건 간섭하는 상사 때문에 죽을 맛이야."
- "무례한 동료 때문에 기분이 너무 나빠."
- "야근을 쉼 없이 하는데도 먹고 살기 힘든 상황 때문에 스트레스가 이만저만이 아니야."

자, 이 모든 생각에서 한 가지 패턴이 눈에 들어오는가?

(이유) **때문에** (부정적인 감정)

- "산더미처럼 쌓인 일 '때문에' 스트레스가 이만저만이 아니야."
- "나를 믿지 못하는 상사 '때문에' 답답해."
- "무례한 동료 '때문에' 기분이 나빠."

여기서, 그리고 이어지는 장들에서 당신에게 보여 주고 싶은 사실은, 이 마음의 전쟁에서 하나님이 주신 무기들을 사용하면 생각의 패턴들을 고치는 동시에 하나님이 주신 능력을 되찾을 수 있다는 것이다. 다시 말해, 다음과 같은 새로운 패턴을 통해 우리의 상황을 인지적으로 재구성할 수 있다.

(부정적인 감정) 그리고 (이유) 그래서 (선택)하리라[7]

- 화가 난다. '그리고' 나는 승진에서 제외되었다. '그래서' 하나님은 나를 잊지 않으셨다는 사실을 기억하기로 '선택하리라.'
- 기분이 나쁘다. '그리고' 그 동료는 무례하다. '그래서' 나를 향한 하나님의 인자를 묵상하기로 '선택하리라.'
- 힘들다. '그리고' 일이 산더미처럼 쌓여 있다. '그래서' 시간의 한계 밖에 계시고 내가 해야 할 일만 이루도록 힘을 주시는 하나님께 감사하기로 '선택하리라.'
- 스트레스를 받는다. '그리고' 먹고 살 길이 막막하다. '그래서' 불안해하기보다는 기도하기로 '선택하리라.'

부정적인 생각의 소용돌이에 갇혀 있을 때 하나님 앞에 조용히 있는 시간만큼 생각을 바꾸는 데 효과적인 방법도 없다.

한번은 우리 교회에서 빌립보서를 본문으로 성경 공부를 하던 중 레이첼(Rachael)이란 성도가 마음과 생각을 지키는 것에 관해 직접 쓴 글을 나누었는데 들어보니 실로 놀라웠다.

레이첼이 글을 읽기 시작하자마자 내가 5주간 가르친 내용을 시적으로 너무도 잘 정리한 글이라는 생각이 들었다. 모두가 그 글에 공감했다. 곧 세상에 소용돌이와 싸우고 있지 않은 사람이 한 명도 없다는 의미이다. 우리 모두가 같은 싸움을 하고 있다. 레이첼의 글을 소개한다.

마음은 망가진 것이다.
이리저리 날뛰며 나를 지치게 하고 방해하며
내가 선하지 못하다고, 영원히 그렇지 못할 것이라고
믿게 만든다.

끊임없이 변하는 이상,
이미지, 우상, 아이콘이 가득한
이 세상에서 생존하기 위해,
번영하기 위해, 살아남기 위해
죽도록 노력해야 한다고 말한다.

내 가치를 증명해 보이기 위해 이를 악물고 노력하고,

스스로를 깨끗하게 씻고,

약한 모습을 보이지 말고 강인하게 굴고,

발전하기 위해 노력하고,

재물과 보석, 물건을 쌓으라고,

그래야 어쩌면 … 사랑받게 될지 모른다고 말한다.

그렇다. 마음은 망가진 것이다.

그냥 날뛰게 두면

우리를 공격하고 넘어뜨리고 함정에 빠뜨려

갇히고 자신에게 집착하고 잠들고 속박되게 만든다.

하지만 "누구든지 그리스도 안에 있으면 새로운 피조물이라

이전 것은 지나갔으니 보라 새 것이 되었도다."

우리의 마음이 통제 불능으로 날뛰게 만들 필요가 없다.

그런 생각과 순환을 멈출 수 있다.

우리는 무방비 상태가 아니다.

날뛰고, 할 일을 나열하고,

불안하고, 끊임없고, 반복되고, 패배시키고,

방해하고, 혼란시키고, 지치게 하고, 통제하는 생각들을

뒤흔들 도구가 우리에게 있다.

그렇다. 우리는 한밤중의 어둠 속에서 날아오는 원수의 화살
곧 거짓말을 뒤흔들고 맞서 싸울 수 있다.
원수는 공격하러 오되 우리가 깨닫지 못하기를 원한다.
우리에게는 말씀이 있다. 빛이 있다. 생명이 있다.

그저 자신만 바라보게 만드는
왜곡된 시각에서 깨어나라.
대신 정말로 중요한 것에 시선을 고정하고
그것을 알고 이해하라.

그리스도 안에 있으면 이미 승리한 것이니
더 이상 자기 마음의 희생자가 아니다.

우리를 사랑하고, 알고, 보고,
온 인류와 화해하기 위해
아들을 잃는 고통스러운 선택까지 하실 만큼
파격적이고 친밀하고 개인적이고 강한 사랑
"우리가 아직 죄인 되었을 때에 그리스도께서 우리를 위하여 죽
으심으로."

당신과 내가 지은 어떤 실수도 용서해 주시고

우리를 웅덩이에서 건져 주시는

하나님의 한결같으심, 자비와 은혜가

얼마나 넓은지 다 이해하기 힘들 정도다.

하나님을 진정으로 알면 사랑할 수밖에 없다.

믿을 수밖에 없다.

우리의 마음을 왜곡시키고 망가뜨려

무엇이든 참되고

경건하고

옳고

정결하고

사랑받을 만하고

칭찬받을 만한 것에서

멀어지게 만드는 생각의

모든 씨앗을 죽일 수밖에 없다.

그렇다. 마음은 망가진 것이다.

하지만 하나님의 영이 우리 안에 더 깊이 거하시며

그분의 말씀은 더 큰 진리를 말해 준다.

즉 예수 그리스도 안에서 우리는 자유롭다.[8]

우리는 자유로운 삶을 얻은 자이다. 이 현실을 의식하며 그분과

함께 살 것인가? 아니면 망가진 상태로 인생을 살 것인가? 분명 우
리에게는 선택권이 있다.

"

사람들이 나를 좋아하지 않아.

내가 얼마나 엉망인지 알면 다들 도망칠 거야.

어차피 나는 사람들과 잘 어울릴 줄 모르는 사람이야.

항상 혼자였고 그냥 이대로가 좋아.

사람들은 내가 무슨 일을 겪고 있는지 관심도 없어.

아무도 나를 신경 쓰지 않아.

사람들은 내 문제를 들을 생각이 없어.

9

수치심에 갇힌다면(공동체)

구조대원들
즉 공동체가 필요하다

인생의 처음 4년을 르완다의 한 언덕에 위치한 고아원에서 보낸 나의 아들 쿠퍼를 입양하기 직전 우리 부부는 '입양 훈련'을 했다. 실제로 '입양 훈련'이라는 명칭은 아니었지만 그만큼 힘든 과정이었기 때문에 우리 부부는 그렇게 부른다. 그 전까지 우리는 아이를 입양해 본 적이 없었다. 입양에 대해 제대로 알기 위해 여러 강연회를 다니고 관련 동영상도 수없이 보았다.

사실 여러 강연회에서 배운 것들이 지금은 거의 기억에 남아 있지 않다. 하지만 한 가지 교훈만큼은 내 마음에 깊이 각인되었다. 아마 평생 잊지 못할 것이다. 그 교훈은 이것이다. "아이가 행복한 삶을 살기를 바라고 누군가 자신을 '보고 사랑한다고' 느끼게 해 주라."

누군가 나를 '보고 사랑한다'는 느낌이 너무도 중요하다. 이것이 우리 삶의 행복을 위한 기초가 된다. 이것이 빠지면 우리 삶의 나머지 모든 것은 위태로워서 언제 허물어질지 모른다. 상담자이자 저자인 래리 크랩(Larry Crabb)은 이런 말을 했다. "다른 누군가가 우리를 알도록 하지 않고서 우리가 하나님을 알 수 있다는 거짓말만큼 우리가 자주 믿는 거짓말도 없다."[1]

우리는 누군가에게 자신을 보이고 사랑을 받도록 창조되었다. 온 세상에 미칠 선한 영향을 꿈꾸며 책을 기획할 당시, 신경학에 조예가 깊은 한 친구에게 "온 나라의 마음이 바뀌는 것"에 관한 비전을 이야기했던 기억이 난다. 생각을 사로잡는 것이 가능함을 수많은 사람이 깨닫고, 나아가 '온 세상'이 마침내 견고한 진을 허무는 것에 관해 열정적으로 이야기 했다. 얼마나 흥분했던지 말을 더듬을 정도였다. 친구는 가만히 듣고 있다가 내가 잠시 숨을 돌리는 사이에 이렇게 말했다. "제니, 그거 알아? 혼자 책만 읽어서는 변할 수 없어."

순간, 망치로 뒤통수를 맞은 기분이었다. 물론 내 친구의 말은 옳았다. 의자에 웅크리고 앉아서 책을 읽고 기도하고 나서 자신의 '의지'를 모아 마음을 변화시킬 수는 있다. 하지만 하나님은 우리 마음의 자세만이 아니라 우리 곁에 있는 사람들에게 관심을 가지신다. 이 세상에서 우리의 사명을 이루어야 하지만 혼자서는 그 어떤 가치 있는 일도 할 수 없다.

무엇보다도 하나님은 완벽한 공동체로 존재하신다. 성부와 성자와 성령이 삼위일체 안에서 서로 관계를 맺고 계신다. 세 위가 한 분 하나님을 이루신다. 하나님이 공동체로 존재하시기 때문에 우리도 공동체가 필요하도록 창조하셨다. 사도 바울도 우리가 서로를 어떻게 대해야 하는지에 관해서 많은 권면을 했다. "형제를 사랑하여 서로 우애하고 존경하기를 서로 먼저 하며"(롬 12:10). "서로 마음을 같이하며"(롬 12:16). "위로를 받으며 마음을 같이하며 평안할지어다"(고후 13:11). "자유로 육체의 기회를 삼지 말고 오직 사랑으로 서로 종노릇 하라"(갈 5:13). "서로 친절하게 하며 불쌍히 여기며 서로 용서하기를"(엡 4:32).

공동체 안에 사는 것은 '명령'인데 가만히 보면 우리는 그것을 '제안' 정도로만 여기는 경향이 있다. 공동체를 이루려는 시도를 하긴 하지만 상황이 힘들어지면 공동체는 뒷전이고 나를 챙기는 것이 우선이 된다.

공동체는 우리 삶에 반드시 필요하다. 우리는 하나님이 멀리하라고 하신 것을 우상으로 삼는 시대에 살고 있다. 그것은 바로 독립이라는 우상이다. 성경은 공동체를, 하나님 백성들의 삶에 관한 기정 사실 중 하나로 가정한다. 구약에서 공동체는 민족 안에서 이루어진 반면, 신약에서는 교회 안에서 이루어진다.

우리는 서로를 알고 사랑하고 보도록 창조된 존재들이다. 거의 모든 세대 모든 민족이 모닥불 주위에 모여 앉아 불완전하게나마 공동체를 이루며 살았다.

지금도 시골에서는 이런 끈끈함을 경험할 수 있다. 최근 남편과 함께 유럽의 한 작은 마을의 식료품점에 들렀다. 가게 주인은 우리가 누구이며 어디서 왔는지 알고 싶어 했다. 원래 가게에 찾아오는 사람들은 다 그가 아는 사람들이었기 때문에다. 그래서 그는 우리가 외지인이라는 것을 단번에 알아보았다.

그런데 과연 우리가 교회로서 혹은 민족으로서 이렇게 살아가고 있는가? 서로를 알고 보고 사랑하고 있는가? 내가 보기엔 전혀 그렇지 않은 것 같다.

혼자 해결할 수 있다는
거짓말의 늪

방해와 소음은 머릿속의 혼란을 풀기 위해 하나님의 도우심을 구하지 못하게 만든다. 수치는 다른 사람에게 도움을 구하지 못하게 만든다. 나는 18개월 동안 의심의 소용돌이 속에 스스로 고립될 생각이 전혀 없었다. 단지 내가 어떤 상황인지를 사람들에게 솔직하게 고백하지 않았을 뿐이다.

정신과 의사이자 뇌에 관한 탁월한 사상가인 내 친구 커트 톰슨(Curt Thompson)은 겉으로 아무리 강해 보이는 사람도 내면 깊은 곳에서는 한 가지 두려움을 안고 살아간다고 말했다. 매일같이 세상 모든 사람을 괴롭히는 두려움은 "누구든 나를 제대로 알고 나면 나를 떠날 것이다"이다. 이것은 수치의 거짓말이다. 이것은 우리의 자존감을 무너뜨리는 거짓말이다. 이 거짓말은 누구에게도 보이고 싶지 않은 자신의 진짜 모습을 계속해서 상기시킨다.

이 두려움이 정확히 어떤 말로 당신을 공격하고 있는지는 나도 모른다. 하지만 당신이 내가 이야기를 나누었던 수많은 여성들과 크게 다르지 않다면, 아마 당신을 두려움으로 몰아가는 목소리는 다음과 비슷할 것이다.

- "누구든 내가 저지른 짓을 알면 나와 상종을 하지 않으려고 할 거야."
- "누구든 내 진면목을 알면 얼굴을 찌푸리며 도망칠 거야."
- "내가 어떤 생각을 할 수 있는 인간인지 알면 다들 나를 멀리 할 거야."

혹은 좀 더 미묘한 두려움의 목소리가 들릴 수도 있다.

- "내 문제를 뭐하러 굳이 사람들에게 얘기해?"
- "나 혼자서도 해결할 수 있어."
- "사람들에게 말해 봐야 좋을 게 없어."

우리의 가치에 관한 이런 거짓말에 귀를 기울이면 당연히 사람들과 거리를 둘 수밖에 없다. 그렇게 우리가 사람들을 멀리하면 대개 그들도 다가오지 않는다. 그렇게 거부에 대한 우리의 두려움은 현실이 되고, 그 두려움은 더욱 강해진다. 우리의 불안감은 고립을 낳고, 고립은 우리가 무가치하고 누구도 우리를 신경이 쓰거나 아끼지 않는다는 거짓말을 강화시킨다. 아무도 우리를 봐 주고 사랑하지 않는다는 느낌을 받는다. 더 많은 거부로부터 자신을 보호하기 위해 누구도 가까이 다가오지 못하게 울타리를 친다. 그럴수록 우리의 시각이 변할 여지는 줄어든다.

혼자 힘으로 살아가야 한다는 거짓말, 괜히 거부를 당하지 않도록 스스로를 고립시켜야 한다는 거짓말을 점점 더 깊이 받아들이게 된다. 하지만 그렇지 않다. 우리는 공동체를 이루고 계시며 우리를 가족으로 초대하시는 거룩하신 하나님의 형상을 따라 지음을 받았다. 우리는 공동체를 이루고 살도록 창조되었다.

거짓말 : 내 문제는 혼자서 해결할 수 있다.

진리 : 하나님은 서로를 알고 사랑하도록 우리를 창조하셨다.

"그가 빛 가운데 계신 것 같이 우리도 빛 가운데 행하면 우리가 서로 사귐이 있고 그 아들 예수의 피가 우리를 모든 죄에서 깨끗하게 하실 것이요"(요일 1:7).

나를 드러내기로 선택하리라!

우리에게는 선택권이 있다

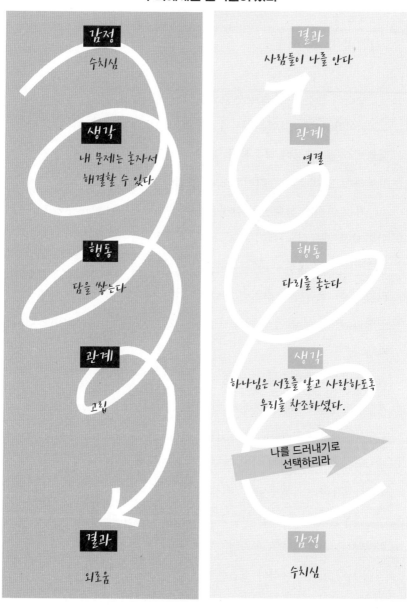

감정
수치심

생각
내 문제는 혼자서
해결할 수 있다

행동
담을 쌓는다

관계
고립

결과
외로움

결과
사람들이 나를 안다

관계
연결

행동
다리를 놓는다

생각
하나님은 서로를 알고 사랑하도록
우리를 창조하셨다.

나를 드러내기로
선택하리라

감정
수치심

〈그림4〉

공동체는
선택이 아닌 필수

우리의 몸은 사람들과 연결되도록 설계되었다. 거울 신경(mirror neuron)이라고 들어보았는가? 커피를 놓고 친구와 마주앉아 있을 때 서로의 거울 신경이 작동한다. 친구가 미소를 지으면 거울 신경이 작동하여 그 미소와 관련된 감정을 경험하게 만든다.

거울 신경은 상대방의 감정을 느끼게 도와준다. 이렇듯 공감은 인위적인 반응이 아니라 우리 몸의 자연스러운 반응이다. 심지어 한 학자는 불순응(noncomformity)은 없다는 주장까지 한다. "자아는 우리가 흔히 생각하는 것처럼 뚫을 수 없는 사적인 요새보다 사회적 영향이 거칠 것 없이 들어갈 수 있는 초고속도로(superhighway)에 더 가깝다."[2]

우리는 태어나서 지금까지 다른 사람과의 연결이 자신에게 미친 영향을 꽤 분명하게 인식하고 있다[3](한 상담자는 어린 시절 보호자의 반응을 마음과 정신이 성장하기 위한 "뇌 음식"이라고 불렀다). 하지만 '단절'(disconnection)이 뇌에 어떤 영향을 미치는지에 대해서는 알지 못하고 잘 생각하지도 않는다.

거부를 당하거나 친구에게 초대를 받지 못할 때 활성화되는 뇌의 부분은 육체적 고통을 당할 때 활성화되는 부분과 동일하다.[4] 이것이 사랑하는 사람이나 절친한 친구와의 사이가 갈라질 때 몸이 아픈 이유이지 않을까 싶다.

고립될 때 우리는 자기보호 모드로 돌아선다. 부적절한 때에 상황에 어울리지 않는 말을 하는 친구에게 가혹하게 반응한다. 부드러운 말로 문제점을 지적해 주는 동료에게 방어적으로 군다. 외로움은 심지어 실질적인 위협이 없을 때도 모든 것을 위협으로 여기게 만든다. 외로움은 심장병, 우울증, 만성 스트레스, 수면 질의 저하와 관련이 있는 것으로 알려져 있다.[5]

예수님의 본을 따라 온전한 삶을 살고 싶다면 혼자 살기보다 함께 사는 편을 선택해야 한다. 우리는 승리를 홀로 축하하도록 창조되지 않았다. 또한 우리는 고난을 홀로 겪도록 창조되지 않았다. 우리는 매일의 삶을 홀로 헤쳐 나가도록 창조되지 않았다. 우리는 자신의 생각들과만 씨름하며 살아가도록 창조되지 않았다. (이 마지막 말이 너무도 고맙지 않은가? 우리 마음속에는 얼마나 추악한 생각들이 득실거리는가.) 우리는 서로에게 다가가 연결되고 연합되어 살아가도록 창조되었다.

사도 바울은 이런 삶의 방식을 아름답게 기술했다.

"그리스도 안에 무슨 권면이나 사랑의 무슨 위로나 성령의 무슨 교제나 긍휼이나 자비가 있거든 마음을 같이하여 같은 사랑을 가지고 뜻을 합하며 한마음을 품어"(빌 2:1-2).

그는 사람들과의 실제 상호작용 속에서 구체적으로 어떻게 해야 할지 분명히 권면하고 있다.

> "너희는 하나님이 택하사 거룩하고 사랑받는 자처럼 긍휼과 자
> 비와 겸손과 온유와 오래 참음을 옷 입고 누가 누구에게 불만이
> 있거든 서로 용납하여 피차 용서하되 주께서 너희를 용서하신 것
> 같이 너희도 그리하고 이 모든 것 위에 사랑을 더하라 이는 온전
> 하게 매는 띠니라 그리스도의 평강이 너희 마음을 주장하게 하라
> 너희는 평강을 위하여 한 몸으로 부르심을 받았나니 너희는 또한
> 감사하는 자가 되라 그리스도의 말씀이 너희 속에 풍성히 거하여
> 모든 지혜로 피차 가르치며 권면하고 시와 찬송과 신령한 노래를
> 부르며 감사하는 마음으로 하나님을 찬양하고"(골 3:12-16).

공동체의 필요성이 느껴지는가?

내 친구들 중에 상담자와 치료사가 꽤 있는데 하나같이 집단 치
료가 부상하고 있다고 말한다. 그것은 집단 치료가 효과가 있고, 심
지어 다른 치료가 다 실패한 경우에도 효과를 거둘 때가 많기 때문
이라고 한다. 누군가가 함께 있는 것이 위로가 될 뿐 아니라 '치유'를
낳는다는 것이 과학적으로 입증되었다.[6]

UCLA의 학자들은 스트레스가 여성의 행동에 미치는 영향을
연구하던 중 스트레스 상황 속에서 여성들이 남성들보다 사회적 지
지를 더 많이 찾는다는 사실을 발견했다. 강한 사회 연결망이 건강

한 상태를 유지하는 데 도움을 줄 수 있다는 연구 결과도 있다.[7]

그렇다. 공동체는 우리를 육체적으로도 변화시킬 수 있다. 공동체로 존재하시는 하나님은 우리가 공동체를 이루며 살아가도록 창조하셨다. 우리에게는 공동체가 필요하다! 공동체는 선택사항이 아니라 필수사항이다!

더 나은
공동체

하나님은 생각의 삶을 둘러싼 전쟁에서 친구들의 도움을 받을 수 있도록 일부러 우리를 공동체 안에 두신다. 우리의 정신적 지도가 혼란스럽고 생각이 소용돌이치며 감정이 행동을 좌우할 때 단순히 친구들에게 다가가 "도와줘!"라고 이야기하기만 해도 상황이 해결된다.

우리의 뇌가 답을 찾아내지 못하고 의지력을 끌어 모으지 못하고 힘을 찾지 못하고 기도하는 법을 기억하지 못할 때 우리는 주변 사람의 지혜와 통찰을 구할 수 있어야 한다. 물론 이런 관계를 가꾸려면 많은 시간과 노력이 필요하지만 이런 관계는 모든 것을 바꾸어 놓는다.

내 삶을 돌아보면 인생의 각 단계에서 절친했던 친구들이 하찮은 꿈에서 나를 건져 주었던 순간들이 있다. 어린 시절을 함께 보낸

자매들, 초등학교와 중학교와 고등학교 친구들, 아칸소대학에서 함께 활동했던 치어리더들, 나의 첫 성경 공부반에 찾아와 준 여성들, 오스틴에서 사귄 사람들, 댈러스에 있는 우리 교회의 소그룹 식구들, 이 모든 공동체가 나를 형성하고, 누군가가 나를 알고 사랑해 주는 느낌을 주었다. 이들은 늘 나로 하여금 한계를 극복하도록 격려하고 채찍질했다. 나도 이들에게 그런 존재였기를 바란다. 물론 우리는 싸우기도 했다. 서로 멀어진 적도 있었다. 때로는 서로에게 상처를 주기도 했다. 인생이 다 그런 것 아닌가. 하지만 서로 부딪히면서 가장 강한 유대감이 형성되는 법이다.

물론 고립보다 공동체를 선택하는 것이 훨씬 더 두려울 수도 있다. 공동체를 이루려면 위험을 무릅써야 하기 때문이다. 학자이자 작가인 브렌 브라운(Brené Brown)은 이렇게 말했다. "위험을 무릅쓰고 자신을 드러내는 것이 의미 있는 인간 경험의 핵심이자 중심이다."[8] 다시 말해, 건강해지기 위해서는 자신을 드러내야 한다(엡 5:13-14).

실로 심오한 통찰이지 않은가. 당신을 아는 사람들이 누구이며 그들이 당신을 얼마나 깊이 아는지 말해 보라. 그러면 당신이 얼마나 건강한지를 말해 줄 수 있다(시 32:3).

많은 사람이 나를 보며 이렇게 말한다. "인간관계에 관해서는 걱정할 것이 하나도 없겠군요. 주변에 항상 사람들이 가득하니까요." 그럴지도 모른다. 하지만 우리 가족이 10년 남짓 오스틴에서 살다가 최근 댈러스로 이사해 온 뒤로 믿을 만한 친구들을 사귀는

나는 공동체를 선택하리라

I Choose Community

것은 보통 어려운 일이 아니었다. '오랜 친구들'은 빨리 사귈 수 있는 것이 아니지 않은가.

오랫동안 살아온 텃밭을 떠나는 것은 의미 있는 공동체를 이루는 데 걸림돌이 될 수 있다. 하지만 걸림돌은 그것만이 아니다. 사람들을 만날수록 공동체가 '내게 맞지 않는' 더 많은 이유를 듣게 된다. 그 모두가 나름대로 합당한 이유들이다. 첫 신호등이 설치된 기념으로 마을 잔치가 열릴 정도로 작은 시골 마을에서 사는 한 아가씨가 생각난다. 그녀는 내게 이렇게 말했다. "사귈 사람이 없어요. 우리 마을에 나와 같은 20대 여성이 과연 '존재'하는지도 잘 모르겠어요."

지독히 내성적인 여성들도 생각난다. 그들에게 공동체는 생각만 해도 부담스럽고 두렵다. 혹시 고통스러운 배신을 경험했는가? 한 번도 아니고 몇 번이나 당했는가? 그래서 지금 누구에게도 마음을 열기 싫은가? 누군가를 믿고서 남모를 고민을 털어놓았다가 뒤통수를 맞고 나서 "다시는 인간을 믿지 않겠어!"라고 결심했는가? 그 심정, 충분히 이해한다.

그런가 하면 관계 유지의 문제도 있다. 누군가에게 고민을 털어놓고 나면 이후의 상황을 계속해서 보고해야 할 의무감 같은 것을 느낄 수 있다. 또 다른 고려 사항도 있다. 우리가 고민을 털어놓을 때 상대방이 어떻게 반응할지 알 수가 없다. 상대방이 배려 없는 말을 할 수도 있다. 혹은 우리의 고통을 대수롭지 않게 받아들일 수도 있다. 빙그레 웃으며 성경 구절을 인용할 수도 있다. 심지어 이 모든 행동을 한꺼번에 하는 사람도 있을 수 있다. 이 외에도 온갖 이유에 대해 내 대답은 하나뿐이다. 맞는 말이다. 충분히 이해한다!

하지만 내 인생에서 귀한 관계들은 하나같이 내가 힘들게 쟁취한 관계들이다. 세상에는 변덕스럽고 경솔하고 배려 없고 자기중심적이고 부주의한 사람이 많다. 나는 이것을 잘 알고 있다. 그것은 내가 바로 그런 사람이기 때문이다. 나도 이렇게 행동할 때가 너무도 많다. 그리고 당신도 사람이라면 실수를 한 적이 있을 것이다.

그러니 원수가 놓은 고립의 덫에 갇히지 말고 이 진리를 기억하자. "내게는 선택권이 있다. 하나님의 영이 내 안에 살아 계시며, 내가 나만큼이나 관계와 은혜를 필요로 하는 연약한 사람들에게 다가갈 때 그분이 함께해 주실 것이다."

처음 이프 개더링(IF:Gathering)을 시작할 때 내 동기에 관한 오해가 잇따르고 SNS에 질타가 빗발쳤다. 내가 존경해서 본받으려고 노력했던 여성들이 내 의도가 불순하다고 오해하며 공격을 해 왔다. 내 영웅들과 나 사이가 급속도로 갈라졌다. 굴욕적이고 가슴 아픈 상황에 나는 그저 망연자실할 수밖에 없었다.

무엇을 어떻게 할지 몰라 나는 이 여성들 한 명 한 명에게 전화를 하기 시작했다. 오해를 사게 한 것에 대해 사과했다. 그리고 앞으로 어떻게 해야 할지에 관해서 지혜를 구했다. 그들이 내 인생에 미친 선한 영향력에 대한 감사도 잊지 않았다.

감사하게도 그들 모두는 내 전화를 받아주었을 뿐 아니라 연합을 위해 힘써 주었다. 우리는 함께 머리를 맞대고 상황을 헤쳐 나갔다. 나는 그들 중 일부를 지금까지도 가장 친한 친구로 여기고 있다. 하지만 그 일로 인해 관계에 대한 조심성이 생겼다. 혹시라도 낙인이 찍힐 만한 말이나 행동을 하기가 두려워졌다. 하지만 결국, 계속해서 머뭇거리는 태도로 사람들에게 다가갈 수 없다는 결론을 내렸다. 계속해서 방어적으로 살 수는 없다. 자신을 드러내야만 한다. 자신의 전부를 온전히 드러내야 한다.

두려운 가운데서도 친구들에게 나를 드러내는 편을 선택한다. 상대방이 처음에는 좀 부담스러워할지 몰라도 계속해서 나를 드러내면 결국 상대방도 마음을 열게 되어 있다. 댈러스로 이사를 한 뒤에 새롭게 사귄 친구는 엘런(Ellen)이다. 엘런은 세련되고 늘 바른말을 한다. 집에 오는 우편물을 하나도 빠짐없이 정리해 놓을 만큼 깔끔한 친구이다. 그에 반해 나는 우편물을 아예 열어 보지도 않는다. 서로 친하게 지내던 친구들이 우리 가족을 소그룹에 초대하면서 만나게 되었다. 지금은 엘런에게도 편하게 말할 수 있지만 당시의 그녀는 너무 완벽하게 보여서 가까이하기 힘들었다(물론 엘런은 누구에게도 위압감을 줄 마음이 없다).

엘런을 처음 만났을 때 조심스러웠던 기억이 난다. 나 자신을 열어 보이지 말아야 할까 하는 생각을 했다. 하지만 두 번째 만났을 때는 모험을 하기로 했다. 주장이 강하고 시끄럽고 솔직하고 정열적인 내 모습을 있는 그대로 다 보여 주었다. 그랬더니 엘런은 박장

대소를 하며 즐거워했고, 그 뒤로 내게 더 자주 연락을 해 왔다. 그녀는 나와 같은 사람과 친구가 될 줄은 꿈에도 몰랐다고 했다. 그녀는 나의 정신없는 모습을 마음에 들어 했다. 나는 이외에도 관계적으로 많은 모험을 했지만 매번 이런 결과로 이어지지는 않았다. 하지만 이런 모험을 하지 않으면 자신의 사람들을 찾을 수 없다.

당신의 사람들
찾기

혼자서 살려는 태도를 벗어던지고 진정한 인간관계라는 모험을 하려면 2가지가 반드시 필요하다. 먼저 자신에게 무엇이 필요한지를 아는 '인식'이 필요하고, 나가서 부딪히는 '용감하고 적극적인 태도'가 필요하다.

안전지대에서 나와 당신의 사람들을 찾는 데 도움이 되는 몇 가지 팁을 소개한다.

건강한 사람들을 찾으라

이 주제에 관한 바울의 조언은 이렇다. "내가 그리스도를 본받는 자가 된 것 같이 너희는 나를 본받는 자가 되라"(고전 11:1).

그리스도를 따르는 자를 따르라. 공동체를 이룰 사람을 찾는다면 말보다 삶으로 보여 주는 사람을 찾으라. 예수님을 '열심히' 좇는 사람을 찾아 대화를 청하라.

나는 댈러스에서 건강한 사람들을 찾는 과정에서 나도 더 건강해졌다는 사실을 발견했다. 온전한 우정을 찾는 과정 자체가 나를 더 온전한 삶으로 이끌었다. 오해하지는 말라. 나는 '완벽한' 사람들을 찾으라고 말하지 않았다. '온전한' 사람들, '건강한' 사람들을 찾으라고 했다.

친구로 삼고 싶은 사람을 눈여겨보면서 이런 질문을 던지라. 그가 자신의 장점과 단점을 정확히 알고 있는가? 삶에 관한 분명한 가치관을 정립하고 있는가? 감정을 표출할 때는 표출하면서도 절제한 형태로 표출할 줄 아는가? 다른 사람들과 두루 잘 지내고 있는가? 아니면 세상과 담을 쌓고 살아가는가? 그와 함께할 때면 그가 당신에게 관심을 기울이고 가치 있게 여긴다는 느낌을 받는가? 그는 남의 말을 잘 들어주는가? 아니면 자꾸만 자신에 관한 이야기로 대화를 끌고 가는가? 성장하려는 열정이 엿보이는가? 행복해 보이는가? 평안해 보이는가?

다시 말하지만 이런 면에서 항상 완벽한 사람은 세상 어디에도 없다. 여기서 내가 말하는 것은 전반적인 성장과 발전이다. 가까이 할 만한 친구들을 찾는다면 정서 지능부터 눈여겨 보아야 한다.

그리고 짐작했을지 모르지만 우리도 정서적으로 건강한 친구가 되어야 한다. 아무도 우리와 친해지려고 하지 않는다면 그만한 이유가 있을 가능성이 높다. 미움과 원망에 빠져 있지 않고 정서적으로 건강하게 성장하고 있는가? 만약 아니라면 상담을 추천한다. 상담은 자신이 잘 감지하지 못하는 건강하지 못한 패턴들을 뒤흔들 수 있기 때문이다.

단순히 요청하라

더 깊이 알고 싶은 사람을 발견하면 함께할 시간을 요청하라. "내일 오후에 차 한 잔 하실래요?" "동네 뒷산을 올라보신 적이 있나요?" "보드 게임 좋아하세요? 혹시 남편 분도 좋아하신다면 한번 함께하시죠." "다음 주 성경 공부 모임 전에 저녁을 함께 먹고 싶습니다."

그냥 단도직입적으로 말해도 괜찮다. 이프 개더링(IF:Gathering)에서 매일 나와 함께 사역하는 젊은 여성들은 높은 사회 지능, 진심으로 공동체를 원하는 마음, 누구보다도 솔직한 태도를 갖추고 있다. 그런데 몇 달 전 가만히 살펴보니 그들도 도움 요청을 어려워하고 있었다.

어느 화요일 스텝 모임 때 이 주제에 대한 이야기가 나왔다. 나는 기회다 싶어서 물었다. "정말, 정말 도움이 필요할 때도 잘 도움을 요청하지 못하는 분들이 계신가요?"

그러자 모두가 손을 높이 들었다. "여러분, 이 문제는 꼭 다루어야만 합니다." 나는 그렇게 말했다. 도움을 요청하기 힘든 이유가 무엇인지에 관해서 함께 잠시 이야기를 나눈 뒤에 나는 한 가지 숙제를 주었다. 앞으로 24시간 동안 최소한 한 번 이상 누군가에게 도움을 요청하라는 것이었다.

창의적인 도움을 요청하라. 차에서 짐을 내리는 일을 도와달라고 요청하라. 오후에 함께 산책을 하자고 요청하라. 문제에 관한 조언을 요청하라. 무엇을 요청할지는 중요하지 않았다. 그저 요청하는 연습을 하는 것이 중요하다고 말했다.

더 이상 망설여지지 않을 때까지 도움을 요청하는 연습을 하라. 이 조언이 언젠가 당신의 목숨을 구해 줄지도 모른다. 그래서 다시 한 번 말한다. 더 이상 망설여지지 않을 때까지 도움을 요청하는 연습을 하라. 요청하고, 또 요청하고, 또 요청하라.

수락하라

나야 워낙 새로운 것을 좋아하는 사람이다. 새로운 사람이든 새로운 경험이든 다 좋아한다. 그래서 내게는 이것이 너무 쉽다. 나와는 반대로 내성적이고 집에 있길 좋아하는 성격이라도 가끔은 사람들의 초대를 수락할 줄 알아야 한다. 유의해야 할 점은 한 가지뿐이다. 유해하고 건강하지 못한 사람들에게 수문을 열어 주라는 뜻이 아니다. 건강하고 진실한 친구들의 초대를 받아들이라는 뜻이다(전 4:9-12).

몇 주 전 내가 아끼는 친구인 제시카(Jessica)가 곧 자신의 생일인데 나와 함께 시간을 보내고 싶다고 말했다. "올래?" (제시카는 뭐든 요청하길 정말 좋아하는 친구다!) "제바아아알!"

그 친구의 생일이 얼마 남지 않았고, 함께하자는 말은 최소한 차로 3시간 이상 떨어진 곳으로 놀러가자는 뜻임을 말했던가? 내 입장에서 이 갑작스러운 소풍의 타이밍이 적절했을까? 전혀 그렇지 않았다. 그래도 따라갈 가치가 있었을까? 절대적으로 그렇다. 내가 자주 쓰는 표현에 따르면 내가 수락 카드를 너무 남발하는 것인지도 모르겠다. 하지만 알아야 한다. 초대에 응하지 않으면 초대가 뜸하다가 결국 아무도 당신을 초대하지 않는 날이 온다.

삶을 함께하면 우리의 부정적이거나 유해한 생각을 바로잡는 데 도움이 된다. 실제로 '함께' 모일 때 제대로 삶을 함께할 수 있다. "그래! 나도 함께할게." "그래! 나도 같이 가고 싶어." "그래! 그때 통화하자."

매번 초대를 거절하는 사람이 되었다면 오늘 가벼운 초대 하나에 응해 보면 어떨까?

본모습을 보여 주라
고립의 상황은 우리를 외로움과 수치의 감옥에 가둔다. 하지만 자신을 훤히 드러낼 때 그 감옥이 무너진다. 그러므로 친구들이 당신을 제대로 알도록 본모습을 다 보여 주라.

나는 자주 사람들의 눈살을 찌푸리게 만들곤 한다. 나는 웃지 말아야 할 때, 이를테면 법정이나 장례식장에서 혹은 우리 아이가 공들여 쓴 연설문을 읽을 때 소리 내어 웃어서 분위기를 싸하게 만들곤 한다. (내가 왜 그럴까? 제발 누가 그 이유를 알려 줬으면) 나는 상대방에게 곤란한 질문을 던지길 좋아한다. 중요한 것을 자주 까먹는다. 심각한 순간에 상대방에게 예쁜 스웨터를 어디서 샀냐고 묻는다. 벌새처럼 이 말을 하다가 홱 저 말로 넘어가는 식으로 도무지 일관된 대화를 하지 못한다.

내 친구 엘런을 처음 사귈 때처럼 관계 측면에서의 내 선택사항은 2가지다. 첫째, 새로운 사람을 만날 때 가면을 쓰고 다른 사람처럼 행동할 수 있다. 둘째, 망가진 모습을 그대로 드러내며 기꺼이 웃음거리가 되어 줄 수 있다. 이런 과감한 행동은 나와 맞지 않는 사람들은 더 빨리 떨어져나가고 나와 맞는 사람들과는 더 빨리 가까워지게 해 준다.

성가시게 하고, 성가심을 받으라

지인 사이에서 친구 사이로 관계가 깊어지면 상대방에게 부담을 주기가 더 부담스러워진다. 혹시라도 거부를 당하면 충격이 훨씬 크기 때문이다. 이에 관한 내 처방은 모험을 하라는 것이다. 친구가 평소와 다른 모습을 보이면 이유를 털어놓을 때까지 귀찮게 하라. 커피숍이나 식당으로 초대해서 기도를 해 주겠다고 말하라. 친구가 결국 백기를 들고 솔직히 말할 때까지 귀찮게 하라. 당장은 귀찮아해도 언젠가는 고맙다고 말할 날이 올 것이다.

마찬가지로, 진정한 공동체를 경험하려면 귀찮게 다가오는 친구에게 마음을 열 수 있어야 한다. 친구를 믿고서 문제를 솔직히 털어놓으라. 물론 이 과정에서 상처를 받을 수도 있다. 창피할 수도 있다. 부담스러울 수도 있다. 하지만 잠깐의 창피함과 혼자라는 느낌 중에서 무엇이 더 고통스러울까?

다음 이야기로 넘어가기 전에 순서를 강조하고 싶다. 당신이 먼저 다가가야 한다. 그 다음에 사람들이 다가올 틈을 열어 주라. 내가 인스타그램에 우정과 함께하는 삶의 가치에 관한 글을 게시할 때마다 다음과 같은 반응이 올라온다. "아무도 나와 친구가 되지 않으려고 해요." "아무도 내게 다가오지 않아요." "친해지려고 나름대로 다가가 보았지만 아무도 마음을 열어 주지 않네요." "아무도 나를 거들떠보지 않아요."

잘 들으라. 이런 생각에 마음의 틈을 내어 주는 것은 원수가 마음대로 들어오도록 자유 통행권을 주는 것이나 다름없다. 이런 생각은 전혀 사실이 아니다! 그런데 아이러니한 것은 우리가 우리에게 아무 관심도 없다고 생각하는 사람들도 똑같은 생각을 하고 있다는 것이다. 그들도 괜히 다가왔다가 거부를 당할까 봐 두려워하고 있다. 그들도 사람들과 친해지려고 다가갔다가 아무도 마음을 열어 주지 않는 것 같아 좌절감에 빠져 있다. 그들도 아무도 자신과 친구가 되지 않으려고 한다며 답답해 하고 있다.

이것이 내가 당신에게 강권하는 이유이다. 먼저 다가가라. 먼저 손을 뻗으라. 먼저 모험을 하라. 당신의 속마음을 털어놓고, 상대방의 말을 유심히 들어주라. 다른 사람의 친구가 되고 싶다면 먼저 그들의 친구가 되어라(눅 6:31).

꽤 오래전에 딸 케이트가 친구의 가족과 함께 시골에 놀러갔다. 잘 도착했다는 전화가 왔는데 딸의 목소리가 심상치 않았다. 문제가 있는 것이 분명했다. 며칠 내내 목소리가 이상하기에 안 되겠다 싶어 이유를 물었다.

딸은 자세히 말은 하지 않고 그저 돌아가면 상담을 받아도 괜찮겠냐고만 물었다. 때때로 우리 '모두'는 자신의 생각과 감정을 해석해 주는 '번역가'를 필요로 한다. 우리 '모두'는 안전한 환경에서 자기 자신에 관한 진실을 들을 필요성이 있다. 우리 '모두'에게는 내면의 깊은 욕구를 돌아볼 공간이 필요하다. 우리 '모두'는 하나님의 말씀을 자신의 상황에 적용하기 위해 도움을 필요로 한다. 다시 말해 나는 딸의 요청을 아무 망설임 없이 승낙했다. 다만 이렇게 덧붙였다. "하지만 상담 약속을 잡기 전에 엄마의 귀는 항상 열려 있다는 것을 기억하렴."

나는 딸에게 내가 용서하지 못할 일은 없고 그 어떤 일도 그 애를 향한 나의 사랑을 조금도 식게 만들 수 없다고 말해 주었다. 많은 시간이 걸리고 많은 눈물을 쏟아내야 했지만 2시간의 통화 끝에 공동체의 힘을 그 어느 때보다도 강하게 경험할 수 있었다.

한번은 콜로라도스프링스의 한 카페에서 사랑스러운 곰이 그려진 축하 카드를 발견했다. 카드에는 이런 글귀가 적혀 있었다. "우리가 함께 있는 동안에는 세상만사를 다 잊을 수 있었네." 딸애와 그 중요한 통화를 할 때의 느낌이 바로 이러했다. 딸애를 괴롭게 한 구체적인 상황에 관한 기억은 이미 시간의 흐름에 쓸려가 버렸지만 우리가 함께하고 있다는 느낌은 여전히 생생하고 앞으로도 평생 내 마음속에 포근하게 남아 있을 것이다. 딸애는 도움을 줄 수 있는 '누군가'에게 속을 털어놓기로 결심했다. 그 누군가가 나라서 너무 감사했다.

마지막
2퍼센트

혼란에서 해방되기를 원한다면 어둠 속에 사탄과 단 둘이 갇혀 있어서는 안 된다. 구조대원들이 필요하다. 우리를 도와줄 팀을 꾸려야 한다. 나에게는 선택권이 있다. 나를 드러내기로 선택할 수 있다! 우리가 서로의 문제를 서로에게 솔직히 털어놓을 때 얼마나 아름다운 일이 벌어지는지 들어보라.

댈러스의 우리 교회에는 성도들끼리 통하는 말이 하나 있다. "마지막 2퍼센트를 말하라." 혹시 당신은 솔직함의 기술을 완벽히 터득했다고 생각하는가? 죄, 두려움, 불안감을 늘 거리낌 없이 고백하는 편인가? 하지만 솔직함을 중시하는 사람들에게도 대개는 절대 내놓지 않는 것이 있다.

그것은 가족에게조차 보여 주지 않는 작은 비밀이다. 친구들에게도 절대 이야기하지 않는 것이 있다. 목에 칼이 들어와도 내놓지 않는다. 당신의 마지막 2퍼센트는 무엇인가? 오늘 마음속에서 자녀를 향한 분노로 들끓었던 것인가? 아무에게도 말하지 않았던 수년 전의 죄인가? 내 친구 중 한 명의 마지막 2퍼센트를 소개하고 싶다.

제니퍼(Jennifer)는 오스틴의 한 교회에서 성경 공부반을 인도하고 있다. 제니퍼와 그 남편은 교회의 리더들이다. 요즘 세상에서 보기 드문 금슬을 자랑하는 부부이다. 예수님을 사랑하는 모습이 어찌나 아름다운지 모른다. 그래서 내가 가장 좋아하는 친구 중 한 명이다.

제니퍼는 늘 겉과 속이 동일하다. 내게 무엇이든 털어놓아서 좋아하지 않을 수가 없다. 그런데 최근에 제니퍼가 전화를 걸어와 내내 숨겨 왔던 것을 말했다. 지난 학기에 동료에게 이성적으로 끌렸다는 것이었다. 처음에는 가벼운 끌림 정도였다. "그냥 잘생겨 보였어요. 어쩌다 이렇게 되었는지 모르겠어요. 나는 남편을 사랑해요. 가정은 내게 가장 소중한 곳이에요. 그런데 그만 그에게 끌리고 말았어요." 제니퍼는 모임이 끝나고 나서도 바로 집에 가지 않고 그의 곁을 맴돌기 시작했다. "미친 짓이라는 것을 잘 알아요. 나에게 실망할지 모르겠지만, 결국 그 친구와 문자 메시지를 주고받기 시작했어요."

이어서 제니퍼는 놀라운 말을 했다. "이프 개더링(IF:Gathering)에서 둘 다 친하게 지내는 한 친구를 따로 불러 '아무한테도 말하지 않은 마지막 2퍼센트를 털어놓아야겠어'라고 말했어요." 그렇게 그녀는 자신의 죄를 큰 소리로 고백했다. 그러자 놀라운 일이 벌어졌다. "그런데 그거 알아요? 큰 소리로 고백하는 순간, 그 친구에 대한 끌림이 순식간에 사라졌지 뭐예요!"(약 5:16).

와우, 정말 놀랍지 않은가. 우리는 어둠속에서 사탄의 곁에 머물러왔다. 비밀을 꽁꽁 감춘 채 살아왔다. 우리는 누구에게도 모든 카드를 다 보여 주지는 않는다. 왜 그럴까? 이렇게 생각하기 때문이다. '별로 중요하지 않아. 아무것도 아니야. 어차피 다시는 그렇게 하지 않을 테니까.'

우리는 마지막 카드를 내놓지 않는다. 그렇게 사탄은 우리를 자신의 비밀 속에 묶어 둔다. 하지만 마음 깊은 곳에 있는 어두운 생각을 솔직히 털어놓으면 그 생각을 사로잡고 그 힘을 흩어버릴 수 있다. 복음이 맞는지 한번 시험해 보라. 우리는 공동체와 함께 싸워야 한다. 이것이 하나님이 우리를 위해 마련해 주신 필승의 전략이다. 사람들에게 보이라. 사람들이 알게 하라. 그리고 사람들의 사랑을 받으라. 함께 싸우자!

"

내 최악의 악몽이 현실이 된다면?

다들 나를 …라고 생각할지 몰라.

나는 이런 자격이 없어.

내가 잘못 말했나?

…라면 나는 어떻게 될까?

모든 것이 엉망이야.

나는 이 일에 맞지 않아. 곧 해고당할 게 뻔해.

10

두려움, 걱정에 갇힌다면(믿음)

결과에 상관없이
하나님을 믿기로
선택하라

갑자기 가슴이 답답해서 숨을 쉴 수가 없었다. 그날은 바쁜 한 주를 앞둔 주일 밤이었다. 다음날부터 펼쳐질 일에 잔뜩 흥분된 상태였다. 내가 왜 숨을 쉴 수 없었을까?

무엇을 어떻게 해야 할지 몰라 침대에 넋이 나간 표정으로 앉아 있었다. 마치 내 몸이 "뭔가 문제가 있어"라고 외치는 듯했다. 내 머리는 그 문제가 무엇인지 알아내기 위해 정신없이 돌아가고 있었다.

내 경험으로 볼 때 우리의 머리가 감정을 따라가지 못할 때가 있다. 몸만 이상을 감지하고서 우리 안에서 심각한 일이 벌어지고 있다는 신호를 보내는 순간이 있다. 나는 이것이 하나님이 우리 몸 속에 불어넣으신 선물이라고 생각한다. 우리가 위험한 방향으로 향할 때 우리의 몸은 신호를 보낸다.

당시의 나는 한창 이 책을 쓰고 있었다. 그때 나는 하나님이 이 혼란의 순간을 기회로 모든 생각을 사로잡는 것이 단순히 좋은 습관이 아니라는 점을 일깨워 주고 계심을 느꼈다. "제니, 잊지 말아라. 이것은 전면전이다."

남편은 내 옆에 앉아 있고 나는 마치 껴안듯 두 팔로 나를 감싸고 있었다. 내가 반 농담으로 이웃집에서 신경안정제 좀 빌려오라고 하자 남편은 빙그레 웃으며 말했다. "여보, 그건 불법이에요."

나는 가만히 앉아서 기도를 드렸다. 그러면서 무엇이 잘못되어서 내 몸이 계속해서 신호를 보내는 것인지 내 마음을 점검했다. 최근 내 생각의 패턴들을 파헤쳐 보니 아니나 다를까, 뭔가가 눈에 들어왔다.

나는 새로운 사역의 기회에 관한 기대감에 부풀어 있었다. 하지만 내 마음에 조용히 파고든 한 가지 거짓의 구름이 그 기대감을 잔뜩 뒤덮고 있었다. 이런 거짓말은 완벽히 화창한 날에 습관을 따라 무의식적으로 입은 무거운 코트처럼 은근히 마음을 무겁게 만든다.

그 순간 내가 빠져 있던 생각의 소용돌이는 이것이었다. '실패하면 어쩌지? 이 일을 하기에 내 능력이 충분하지 못하면 어쩌지?' 이 모든 무게를 어둠 속에서 들려오는 익숙한 속삭임이 더욱 가중시켰다. '나는 무가치한 존재야.'

뭐라 꼭 집어서 말하기 힘든 이 막연한 무거움이 꽤 오랫동안 나를 짓눌렀다. 이것이 의식적인 생각이었다면 즉시 맞서 싸워서 진리를 선택했을 것이다. '하나님만으로 충분해. 하나님은 영광을 받으시기 위해 가장 자격 없는 자들을 선택하셔. 내가 능력이 있을 필요는 없어.'

하지만 거짓말이 나를 강한 소용돌이에 빠뜨리고 결국 몸이 이상 신호를 보내오기 전까지는 어떤 상황이 벌어지고 있는지 인식조차 하지 못했다.

근심과 걱정에
짓눌리다

근심과 걱정에 짓눌려 무기력하게 하루하루를 살아가는 사람이 얼마나 많은가. 많은 사람이 힘든 상황이나 골치 아픈 사람들에 관한 생각에 시달리고 있다. 근심과 걱정이 아예 삶의 배경 음악으로 자리를 잡은 경우도 있다. 모든 상황의 이면에서 그 음악이 연주되고 있는데도 전혀 느끼지 못한다. (여기서 나는 우리 몸의 화학적 이상에서 비롯한 불안감이 아니라 생각의 패턴을 이야기하는 것이다. 육체적 이상인 경우에는 병원에 방문할 것을 추천한다)

원수는 "어쩌지?"라는 한마디로 우리에게 올가미를 씌운다. 이 한마디면 온갖 안 좋은 상상이 꼬리에 꼬리를 문다. 그런데 "어쩌지?"를 무찌르기 위한 우리의 도구도 역시 짧은 한마디이다. "하나님 때문에."

하나님이 들의 백합화를 옷 입히고 공중의 새를 먹이시기 때문에 우리는 내일에 관해 걱정할 필요가 없다(마 6:25-34). 하나님이 우리의 마음속에 사랑을 부어 주셨기 때문에 우리의 소망은 헛되지 않다(롬 5:5). 하나님이 그분의 능력으로 우리를 구원하셨기 때문에 우리는 어떤 상황에도 믿음 위에 굳게 설 수 있다(엡 3:16).

무엇이 우리를 속박하고 있는지 알면 해방이 시작된다. 이제 진리로 그 족쇄를 끊어낼 수 있다. 걱정은 "어쩌지?"라고 말한다.

- 이 사람에게 너무 가까이 다가갔다가 전에 믿었던 친구처럼 이용을 당하면 어쩌지?
- 배우자가 바람을 피우면 어쩌지?
- 우리 아이들이 비극적인 죽음을 맞으면 어쩌지?
- 사장이 나를 소모품으로 이용하다가 버리면 어쩌지?
- …하면 어쩌지?

물론 건강한 수준의 걱정도 있다. 우리의 뇌는 정말 두려워해야 할 것을 두려워하도록 신호를 보낸다. 예를 들어, 숲속에서 만난 곰이나 길을 건널 때 지나가는 차들에 대해서는 두려워해야 마땅하다.

〈메디컬 뉴스 투데이〉(Medical News Today)의 한 편집자는 이렇게 말했다. "우리의 생명을 구해 주는 이 메커니즘이 부적절한 때에 발동하거나 늘 '켜짐' 상태에 있으면 문제가 된다."[1] 두려움을 관장하는 뇌의 부분이 폭주해서 두려운 상황에 대한 감정적인 반응이 이성적인 수준을 넘어 비이성으로 흐를 수 있다. 이런 두려움은 우리의 생각을 소용돌이에 빠뜨린다.

우리는 끊임없이 새로운 걱정거리와 기존 걱정거리의 새로운 측면을 찾는다. 마치 끊임없이 걱정하기만 하면 다가올 상황에 대비가 되는 것처럼 행동한다. 우리는 실제로 전혀 위협이 되지 않는 것들에 대해 뚜렷한 육체적 긴장을 경험하곤 한다. 아직 일어나지 않은 일로 인해 가슴이 답답해지면서 편히 쉬지 못하거나 눈앞의 일에 집중하지 못한다. 설령 우리가 상상하는 최악의 악몽이 현실로 나타나도 오늘도 내일도 다음주도 20년 뒤에도 우리에게 필요한 것을 공급해 주실 하나님을 까마득히 잊어버린다. 우리는 "어쩌지?"로 자신을 죽도록 괴롭힌다. 하지만 더 나은 길이 있고, 우리에게는 그 길을 선택할 힘이 있다.

거짓말 : 하나님이 나의 내일까지 돌보아 주실지는 의문이다.
진리 : 하나님은 내 인생의 모든 날을 온전히 다스리신다.

너희에게는 심지어 머리털까지도 다 세신 바 되었나니 두려워하지 말라 너희는 많은 참새보다 더 귀하니라(눅 12:7).

내 두려움을 하나님께 맡기기로 선택하리라.

우리에게는 선택권이 있다

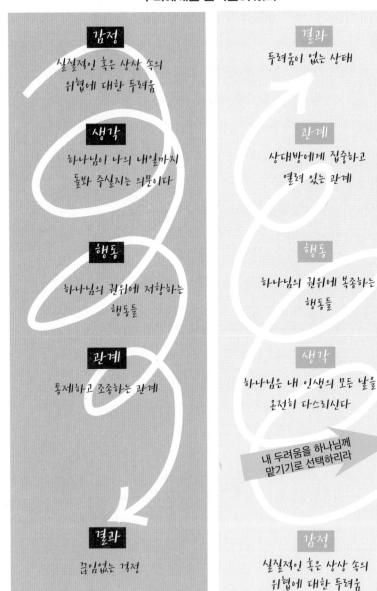

감정
실질적인 혹은 상상 속의
위협에 대한 두려움

생각
하나님이 나의 내일까지
돌봐 주실지는 의문이다

행동
하나님의 권위에 저항하는
행동들

관계
통제하고 조종하는 관계

결과
끊임없는 걱정

결과
두려움이 없는 상태

관계
상대방에게 집중하고
열려 있는 관계

행동
하나님의 권위에 복종하는
행동들

생각
하나님은 내 인생의 모든 날을
온전히 다스리신다

내 두려움을 하나님께
맡기기로 선택하리라

감정
실질적인 혹은 상상 속의
위협에 대한 두려움

〈그림5〉

진짜와 가짜를
구분하다

바울은 우리가 생각의 소용돌이에 빠질 줄 알고서 거짓말을 놀라운 뭔가로 대체하라고 명령했다. 빌립보서 4장에 그 권고가 기록되어 있다.

"아무것도 염려하지 말고 다만 모든 일에 기도와 간구로, 너희 구할 것을 감사함으로 하나님께 아뢰라 그리하면 모든 지각에 뛰어난 하나님의 평강이 그리스도 예수 안에서 너희 마음과 생각을 지키시리라 끝으로 형제들아 무엇에든지 참되며 무엇에든지 경건하며 무엇에든지 옳으며 무엇에든지 정결하며 무엇에든지 사랑받을 만하며 무엇에든지 칭찬받을 만하며 무슨 덕이 있든지 무슨 기림이 있든지 이것들을 생각하라"(빌 4:6-8).

먼저 바울이 무엇을 명령하는지 보라. 이것은 제안이 아니라 분명한 명령이다. "아무것도 염려하지 말라."

어떻게 이런 엄청난 말을 할 수 있는가? 과연 하나님이 정말로 우리에게 이런 명령을 하시는가? 일단, 바울은 걱정할 거리가 차고 넘치는 사람이었다. 그 당시 바울은 사형 선고를 받고 감옥에 갇혀 있는 신세였다. 하지만 그의 말은 진심이었다. 그 이유는 아주 간단했다. 이 땅은 우리의 집이 아니고 우리의 하늘 집이 확보되어 있기 때문이다. 우리는 죽음도 두렵지 않은 사람들인데 세상에 두려워하고 걱정할 것이 또 무엇이 있겠는가.

하나님의 약속은 인생의 모든 상황에서 우리에게 궁극적인 소망을 준다. 하나님은 우리의 모든 필요를 완벽히 채워 주신다. 하나님은 우리가 이 땅에서 만날 모든 문제를 (결국) 해결해 주실 것이다. 바울은 이 진리를 확신 있게 선포한 다음, 걱정을 떨쳐버리기 위한 분명한 길을 제시한다.

1. 감사하기로 선택하라.
2. 참되며 경건하며 옳으며 정결하며 사랑받을 만하며 칭찬받을 만하며 덕이 있으며 기림이 있는 것에 관해서 생각하기로 선택하라.

잠시 이 생각들 중 하나에 초점을 맞추어 보자. "무엇에든지 참되며 … 이것들을 생각하라."

심지어 우리가 걱정하는 것들 중 대부분은 실질적인 걱정거리가 아니다. 우리는 일어나지도 않을 일로 걱정하고 있다. 연구에 따르면 "우리의 걱정 중 97퍼센트는 과장과 오해로 스스로를 벌 주는 걱정에 불과하다."[2]

내 여자 형제 케이티는 수세기의 역사를 지닌 성격 검사 도구인 에니어그램(Enneagram)에서 6번 유형이다. 케이티와 대화를 나누면 50퍼센트가 가상의 시나리오에 관한 이야기이기 때문에 매번 배꼽이 빠지게 웃는다. 나는 에니어그램에서 7번 유형이다. 그래서 케이티는 상황이 잘못될 가능성만 끊임없이 상상하는 반면, 나는 늘 잘될 가능성만을 바라본다.

당연히 나 같은 성격이 바울의 이 지시를 따르기가 훨씬 쉽다. 하지만 성격에 상관없이 하나님은 우리 모두를 소망과 기쁨과 인내로 부르시며 참된 것을 생각하라고 명령하신다!

요한복음은 사탄을 분명하게 묘사하고 있다. 예수님은 그분이 어떤 일을 왜 하시는지에 관한 온갖 오해와 혼동으로 인해서 답답해하셨다. 그래서 자신을 공격하는 자들에게 다음과 같이 말씀하셨다.

> "하나님이 너희 아버지였으면 너희가 나를 사랑하였으리니 이는 내가 하나님께로부터 나와서 왔음이라 나는 스스로 온 것이 아니요 아버지께서 나를 보내신 것이니라 어찌하여 내 말을 깨닫지 못하느냐 이는 내 말을 들을 줄 알지 못함이로다 너희는 너희 아비 마귀에게서 났으니 너희 아비의 욕심대로 너희도 행하고자 하느니라 그는 처음부터 살인한 자요 진리가 그 속에 없으므로 진리에 서지 못하고 거짓을 말할 때마다 제 것으로 말하나니 이는 그가 거짓말쟁이요 거짓의 아비가 되었음이라"(요 8:42-44).

〈표2〉

생각을 붙잡으라. 어떤 생각인가?	생각을 진단하라. 이 생각이 참인가?
생각을 하나님 앞으로 가져가라 하나님은 이 생각에 관해 뭐라고 말씀하실까?	선택을 하라. 하나님을 믿을 것인가?

진리는 "거짓말쟁이요 거짓의 아비"인 원수를 상대할 수 있는 가장 강력한 무기이다. 따라서 우리는 무엇에든지 참된 것, 즉 진짜인 것으로 원수와 싸워야 한다. 다음에서 이 무기를 사용해 보자.

먼저, 당신의 머릿속에서 맴도는 걱정스러운 생각 중 하나를 다음 장의 〈표2〉에 적어 보라. 어떤 생각인가? 이제 그 생각을 진단해 보라. 그 생각이 참인가? 이번에는 한 걸음 더 나아가 생각해 보라. 이 생각에 관해서 하나님은 뭐라고 말씀하실까? 이 질문에 답하기 위해서 성경을 보고 주변의 믿을 만한 사람들에게 조언을 구하라. "내가 이런 생각을 하고 있는데 하나님이 뭐라고 하실까? 무엇이 진리일까?"

그런 다음 선택을 해야 한다. 하나님을 믿을 것인가? 거짓말을 믿을 것인가? 아마 대부분의 사람들이 그릇된 생각을 찾아 그것이 거짓임을 인식하는 것까지는 잘할 것이다. 심지어 무엇이 진리인지를 깨닫기까지 종종 성공한다. 하지만 마지막 단계에서 실패하는 경우가 다반사이다. 결단을 내리지 못하고 계속해서 거짓말을 믿고 그 거짓말에 따라 행동하고 최악의 시나리오를 상상하며 생각의 소용돌이로 점점 더 깊이 빠져든다.

18개월 동안 빠져 있던 불신의 소용돌이에서 나오는 과정을 통해 나는 전쟁을 벌여야 한다는 사실을 깨달았다. 하나님의 말씀을 읽으며 사탄과 싸우는 데 사용할 모든 무기를 찾아내야 한다. 그 대단한 바울도 감옥에 있는 동안 그렇게 해야 했다. 그도 믿음을 지키기 위해 싸워야 했다. "이는 내게 사는 것이 그리스도니 죽는 것도 유익함이라 그러나 만일 육신으로 사는 이것이 내 일의 열매일진대 무엇을 택해야 할는지 나는 알지 못하노라"(빌 1:21-22).

물론 믿음은 선물이다. 하지만 때로 믿음은 싸워서 쟁취해야 하는 선물이다. 바울은 고난 중에 하나님이 어떻게 자신을 만나 주셨는지에 관해서 솔직히 기록했다.

> "나에게 이르시기를 내 은혜가 네게 족하도다 이는 내 능력이 약한 데서 온전하여짐이라 하신지라 그러므로 도리어 크게 기뻐함으로 나의 여러 약한 것들에 대하여 자랑하리니 이는 그리스도의 능력이 내게 머물게 하려 함이라"(고후 12:9).

나는 이 말씀에 큰 위로를 받았다. 내 믿음을 지키기 위한 싸움에서 승리할 수 있다는 확신을 얻었다. 하나님은 진짜이시니 걱정하지 말고 계속해서 성경을 가르치고 이프 개더링(IF:Gathering)을 이끌고 아이들을 교회에 데려가는 방식으로 내 본분을 충실히 감당하면 된다.

내 감정은 참된 것이 아니라 내 머리가 지어낸 시나리오에서 비롯할 때가 많다. 무엇이 진짜인가? 하나님이 진짜이시다. 내 마음은 온갖 어두운 곳을 들락거리지만 하나님은 어디도 가시지 않고 내 곁을 지켜 주신다. 내 생각이나 감정을 믿음의 근거로 삼아서는 곤란하다. 믿음의 근거는 오직 하나님이시다.

생각의 소용돌이를
벗어나기 위한 방법

내 앞에 서 있는 여성은 극심한 걱정으로 불안해하고 있었다. 10대 딸이 어리석인 짓을 저지른 바람에 엄마의 마음은 천 갈래 만 갈래로 찢어져 있었다. 여성은 눈물이 가득 고인 눈으로 나를 보며 물었다. "제가 무엇을 해야 할까요?"

내가 무엇을 해야 할까? 수많은 여성에게서 듣는 질문이다. 남편의 외도, 도저히 끊어내지 못하는 중독, 재정적인 파탄, 불량한 친구들과 어울려 못된 짓을 일삼는 자녀, 청천벽력과도 같은 진단 등 인생의 난관에 부딪힌 여성들마다 이 질문을 던졌다.

매번 여성들은 어떤 상황이 인내심을 시험하고 마음을 무너뜨리는지 장황하게 설명한 뒤에 똑같은 질문을 던진다. "제가 무엇을 해야 할까요?"

그들이 알고 싶은 것은 상황을 해결하기 위해, 자신의 시각을 바로잡기 위해, 고통에서 벗어나기 위해, 자신이 무엇을 해야 하느냐는 것이다. 상황이 해결할 수 없다면 적어도 절망과 자포자기에 빠지지 않고 계속해서 살아가기 위해서 어떻게 해야 하는가? 그들

나는 하나님을 믿기로 선택하리라

I Choose To Trust God

은 내가 그 답을 알려 주기를 원한다.

우리는 무엇을 해야 할까? 자신의 생각에 맞서야 한다. 하나님의 능력으로 견고한 진을 허물어야 한다. 우리가 하나님이나 자신에 관해 거짓을 믿고 있는지 참된 것을 믿고 있는지 알아내야 한다. 그래서 전쟁을 벌여야 한다. 하지만 잠깐! 정말 좋은 소식 하나를 알려 주겠다. 당신은 하나님이 아니다.

의식적으로든 무의식적으로든 머릿속에서 근심과 두려움의 생각이 주체할 수 없이 날뛸 때 우리는 오직 하나님만이 감당하실 수 있는 전지자의 역할을 스스로 하려고 한다. 세상만사를 하나님이 다스리시고 우리는 다스릴 수 없다는 것이 실상은 좋은 소식이라는 점을 망각한다. 우리에게 많은 재능과 은사가 있을지 몰라도 하나님이 되는 것은 절대 불가능하다.

이 원칙이 말하기는 쉬워도 삶으로 살기는 힘들다. 이것이 우리가 공동체로 모이고 하나님 말씀에 푹 빠져야 하는 이유이다. 변화는 어렵고 대개는 더디게 진행된다. 우리의 두려움은 마음에 깊이 배인 생각과 우리의 삶에 깊이 뿌리를 내린 죄에서 비롯하기 때문이다. 하지만 우리는 새로운 피조물이 되었기 때문에 이제 진리를 선택할 성령의 능력이 우리 안에 있다.

마음의 변화가 분명 가능하다. 우리의 어깨를 무겁게 짓누르는 거짓말을 깨닫고 나면 숨 막히게 무거운 코트를 벗어 한쪽으로 치울 수 있다. 사탄이 어떤 두려움의 생각으로 당신의 믿음을 질식사시키고 있는가? 정확히 말해 보라.

- 미래를 감당하지 못할까 봐 두렵다.

  하나님이 감당하지 못할 시험을 허락하시지 않고 언제나 시
  험을 이길 힘을 주실 줄 믿기로 선택하리라(고전 10:13).

- 모두가 나를 버릴까 봐 두렵다.

  하나님은 언제나 약속을 지키시므로 나를 버리시지 않겠다
  는 하나님의 약속을 믿기로 선택하리라(히 13:5-6).

- 내가 사랑하는 모든 것과 사람을 잃을까 봐 두렵다.

  가장 찬란한 승리의 순간에나 가장 어두운 고통의 순간에서
  늘 하나님이 나를 붙잡아 주실 줄 믿기로 선택하리라(시 54:4).

- 내 문제를 다른 사람들에게 들킬까 봐 두렵다.

  하나님이 내가 아직 하지도 않은 생각까지 모든 생각을 아시
  며 상관없이 나를 사랑하신다고 믿기로 선택하리라(시 139:1-2).

- 내가 이 일을 제대로 해낼 능력이 없을까 봐 두렵다.

  하나님이 경건한 삶에 필요한 모든 것을 내게 주셨다고 믿기
  로 선택하리라(벧후 1:3).

- 거부를 당할까 봐 두렵다.

  하나님이 나를 자녀로 받아 주셨고 결코 버리지 않으실 줄 믿기로 선택하리라(요일 3:1-2).

- 다른 사람들의 기대에 미치는 삶을 살지 못할까 봐 두렵다.

  오직 하나님의 인정만을 구하고 남들의 이목에 신경 쓰지 않는 것이 하나님이 뜻임을 믿기로 선택하리라(갈 1:10).

- 모두가 보는 앞에서 창피하게 실패할까 봐 두렵다.

  약한 자를 들어 자신의 영광을 위해 사용하는 것이 하나님의 전공임을 믿기로 선택하리라(고후 12:9-11).

이것이 생각의 소용돌이를 물리치는 방법이다. 머릿속에 생각들을 끄집어내어 그 모든 힘을 빼앗은 뒤 참된 것으로 대체해야 한다!

삶이 완벽하지 않은 순간에도
신뢰하다

내 친구 재키(Jackie)는 5년 동안 아이를 갖기 위해 해 보지 않은 일이 없었다. 그래도 아이가 생기지 않자 마음의 병이 견딜 수 없을 만큼 깊어졌다. 내가 그 친구를 사귄 지는 그리 오래되지 않았는데, 처음 봤을 때 이미 절망의 골이 깊어 인생과 하나님, 그분의 "좋은 은사와 온전한 선물"(약 1:17)에 대한 소망을 잃은 상태였다.

재키는 마치 "하나님이 내게 관심도 없으신 건 아닐까? 내 꿈은 결국 이루어지지 않는 게 아닐까?"라고 말하는 듯한 표정으로 나를 보았다.

우리가 이야기를 나누는 내내 재키를 사랑하는 여성들이 그녀를 에워싼 채 각자 자신이 가진 믿음을 그녀에게 나누어 주었다. 그 여성들은 재키에게 아이가 생길 줄 믿는 것이 아니었다. 그들은 '결과에 상관없이' 하나님을 믿고 있었다.

재키는 새로운 소망에 환히 빛나는 얼굴로 그 자리를 떠났다. 이제 그녀는 새로운 시도를 하지만, 아이가 없는 세상도 믿음으로 받아들이기로 결심했다. 삶이 완벽하지 않을 때도 하나님은 완벽하고 선하시기 때문에 그녀는 하나님이 만사를 온전히 다스린다고 믿기로 선택했다.

우리가 가장 두려워하는 일이 일어나지 않으리란 법은 없다. 때로는 그런 일이 일어난다. 하지만 그럴 때조차 하나님은 여전히 우리의 변함없는 소망이 되어 주신다.

암이 우리를 공격할 수도 있다. 하지만 하나님의 능력으로 암은 우리를 이길 수 없다. 최소한 궁극적으로는 우리가 승리한다. 배우자가 바람을 피울 수도 있다. 하지만 하나님의 능력으로 우리의 삶은 그 상황에 끌려 다니지 않을 수 있다. 재정적인 위기가 닥쳐올 수도 있다. 하지만 하나님의 능력으로 우리는 한 번에 한 걸음씩 살아갈 수 있다. 환멸과 의심이 우리를 공격할 수 있다. 하지만 하나님의 능력으로 우리는 그것들에 굴복하지 않을 수 있다.

내 시누이 애슐리(Ashley)는 코리 텐 붐(Corrie ten Boom)의 책 《주는 나의 피난처》(*The Hiding Place*)를 매년 다시 읽는다. 애슐리는 그 책을 읽을 때마다 자신과 가족에게 어떤 상황이 닥쳐도 하나님으로 충분하다는 사실을 기억하게 된다고 말한다.

최근 한 자녀에 관한 걱정을 토로했더니 애슐리는 코리 텐 붐의 책에 실린 다음 이야기를 기억나게 해 주었다.

> 아버지는 좁은 침대 가장자리에 앉아서 부드러운 음성으로 말씀하셨다. "얘야, 아빠랑 암스테르담에 갈 때 아빠가 언제 표를 주니?"
>
> 나는 잠시 생각하며 몇 번 코를 훌쩍거렸다. "기차에 타기 직전이잖아요."
>
> "그래 맞다. 지혜로우신 우리 하늘 아버지께서도 우리의 필요를 잘 아신단다. 얘야, 하나님을 앞서가지 말아야 해. 언젠가 아빠 엄마가 하늘나라에 가고 나면 네 마음속을 자세히 들여다보렴. 그럼 꼭 필요할 때 필요한 힘을 얻게 될 거야."[3]

하나님의 때를
기다리다

우리가 두려움이 아닌 믿음을 선택할 수 있다고 믿는다면 우리
의 삶이 어떻게 바뀔까? 우리는 진리를 따라 살 것이다. 그 진리는
바로 우리가 그리스도의 마음을 가졌다는 것이다. 바울은 빌립보서
2장 5절에서 이 진리를 선포했다. "너희 안에 이 마음을 품으라. 곧
그리스도 예수의 마음이니."

자, 생각의 소용돌이가 돌기 시작하면 어떻게 해야 할까? 전쟁
을 시작해야 한다. 창피를 당할까 봐 두렵더라도 용기를 내서 누군
가에 털어놓아야 한다. 거짓된 두려움의 생각을 몰아내기로 선택해
야 한다. 하나님이 어떤 분이신지를 기억하며 모든 염려를 그분께
맡겨야 한다(벧전 5:7). 그리고 하나님이 약속하신 평강을 회복해야
한다.

최근 버릇처럼 도진 주일 저녁의 염려와 한바탕 씨름을 한 뒤
친구 캘리(Callie)에게 전화를 걸었다. 캘리는 내가 창피함을 무릅쓰
고 마지막 2퍼센트까지 쏟아 놓는 내내 조용히 귀를 기울여 주었다.
그러고 나서 이렇게 말했다. "제니, 그건 사탄이 속삭이는 거짓말이
야. 더 이상 그런 말도 안 되는 거짓말에 당하지 마!"

캘리는 나를 위해 싸워 주었다. 내 힘으로 소용돌이에서 빠져나
올 수 없을 때 캘리가 나를 끌어내 주었다. 나도 당신에게 똑같이 해

주고 싶다. 잘 들으라. 지금 당신의 삶이 어떠하든, 당신의 미래가 어떻게 펼쳐지든, 하나님은 당신을 아끼고 돌보신다.

> "백합화를 생각하여 보라 실도 만들지 않고 짜지도 아니하느니라 그러나 내가 너희에게 말하노니 솔로몬의 모든 영광으로도 입은 것이 이 꽃 하나만큼 훌륭하지 못하였느니라 오늘 있다가 내일 아궁이에 던져지는 들풀도 하나님이 이렇게 입히시거든 하물며 너희일까보냐 믿음이 작은 자들아"(눅 12:27-28).

믿음이 작은 당신과 나이지만 하나님이 우리를 보시고 아끼신다는 사실을 믿자. 하나님이 우리를 돌보시니 염려할 것이 아무것도 없다.

"

스스로 돌보지 않으면 누가 돌봐 주겠는가.

세상 모든 것이 보기와 다르니까 눈에 보이는 대로 믿지 마.

내가 살면서 배운 게 딱 하나 있다면

그것은 사람들의 말을 절대 믿지 말라는 거야.

사람 좋게 굴면 이용을 당하게 되어 있어.

괜히 기대하지 마. 기대하면 실망하게 되어 있어.

믿는 건 바보나 하는 짓이야.

나는 괜찮아. 남의 도움 따위는 필요 없어.

11

냉소주의에 갇힌다면(예배)

예배로
두꺼운 냉소주의의
갑옷을 벗으라

이프 개더링(IF:Gathering)의 우리 팀은 텍사스식 멕시코 음식을 즐겨 먹는다. 최근에도 멕시코 요리를 먹었는데, 낙관론에 관한 이야기가 오갔다. 마침 나는 그 주제를 연구하며 개인으로서나 팀으로서 우리 모두에게 긍정적인 시각이 더 필요하다는 생각을 하던 터였다. 우리 팀원들의 모습을 보면 동역자들이라기보다는 전우들에 더 가까워 보였다. 하긴, 함께 적지 않은 전쟁을 치러왔으니 그럴 만도 했다. 그러다 보니 다들 상황을 너무 어둡게 보는 경향이 있었다.

그날 오후 멕시코 음식점에서는 특별히 낙관론의 정반대인 냉소주의에 관해서 논했다. 나는 부정적인 사고에 관해 연구한 결과, 우리가 모든 생각의 소용돌이에 대해서 선택권을 가지고 있다는 결론을 내렸다. 우리는 인생의 상황과 사람들을 선택할 수 없을지 몰라도 그에 대한 반응만큼은 선택할 수 있다. 우리의 마음이 가는 방향을 선택할 수 있다. 이는 결국 우리의 삶이 가는 방향을 선택할 수 있다는 뜻이다.

나는 팀원들에게 이 요지를 설명하기 위해 다음과 같은 비유를 사용했다. 어느 날 저녁 잔칫집에 갔는데 옆에 앉은 사람들이 음식이 맛이 없다고 불평하고 연주가 형편없다고 수군대는 등 무례한 행동을 했다고 해 보자. 그러면 우리도 잘 대접을 받지 못했다는 기분으로 잔칫집을 나설 것이다. 실제로는 우리가 음식이나 환경에 딱히 불만이 없었을 수도 있다. 하지만 주변의 불평은 우리의 마음을 부정적인 방향으로 흐르게 만든다. 우리도 덩달아 '정말 최악이야'라고 생각하며 잔칫집을 나설 것이다.

하지만 같은 잔칫집에서 이번에는 옆자리에 앉은 사람들이 음식이 입에 맞고 풍악이 흥겹고 좌석 배치가 적절하고 주인이 너무 친절하다고 연신 칭찬을 한다고 해 보자. 그러면 우리는 "정말 즐거운 시간이었어!"라고 탄성을 지르며 잔칫집을 나설 것이다.

만약 잔치가 우리의 인생이라면 어떠할까? 우리는 불행한 편을 '선택할' 때가 얼마나 많은가. 우리는 좋은 면을 보고 감사하는 대신, 나쁜 면만 보고 불평할 때가 너무도 많다.

하지만 모든 상황에서 좋은 면을 보기로 선택한다면 훨씬 더 기쁘지 않을까? 팀원 중 한 명이 이렇게 지적했다. "일리가 있는 말씀이네요. 하지만 좋은 면만 보다가는 이용을 당하기 십상이에요." 그러자 다른 팀원들도 맞장구를 쳤다. 경계하지 않으면 순진한 사람으로 보여 표적이 될 수 있다는 것이었다. '합당한 걱정이지.' 나는 그렇게 생각했다. 그때 또 다른 팀원인 엘리자베스(Elizabeth)가 한 말을 오래토록 잊지 못할 것 같다. "그래서? 좋은 면을 보는 게 더 행복하지 않아?"

엘리자베스는 해맑기만 한 친구이다. 항상 웃고 친절하다. 그래서 언제나 그런 식으로 말한다. 그럼에도 그의 말은 옳다. 경계하는 삶의 반대편에는 자기 방어와 비관주의가 존재한다. 과연 세상에 이렇게 살고 싶은 사람이 있을까?

감탄이 가진
변화시키는 힘

냉소주의가 우리 문화에서 인정을 받는 지경에 이르렀다. 우리는 냉소주의자들이 우리가 모르는 것을 알고 있다고 착각한다. 우리는 그들이 경솔한 우리와 달리 철저히 대비하고 경계하는 태도로 세상을 살아가고 있다고 생각한다. 하지만 속을 들여다보면 냉소주의는 그리 대단하지 않다. 아니, 전혀 대단하지 않다.

냉소주의는 '언제나' 미래에 대한 두려움이나 과거에 대한 분노에서 비롯한다. 냉소주의는 일어나지 않을 수도 있는 일로 두려워하거나 과거에 일어난 일이 미래에도 일어날 것이라고 속단한다. 너무도 많은 사람이 자신을 솔직히 드러내는 것이나 좋은 것을 기대하는 일이 너무 위험하다는 거짓말에 넘어간다.

브렌 브라운은 이것을 "불길한 기쁨"이라고 부른다. 브라운은 《마음 가면》(*Daring Greatly*)에서 "기쁨에 대한 두려움이 결국 불길한 기쁨을 일으킨다"라고 말했다. 그녀의 말을 계속해서 들어보자.

> "우리는 기쁨의 감정이 오래가지 않을까 혹은 충분하지 않을까
> 봐 두려워한다. 혹은 그로 인해 실망감(혹은 이후에 찾아올 다른 감정)이
> 견디기 힘들 만큼 커질까 봐 두려워한다. 우리는 기쁨을 느껴 봐
> 야 결국은 실망할 뿐이며, 최악의 경우 재난까지 불러올 수 있다
> 는 결론을 내렸다."[1]

사탄의 전략은 이 망가지고 타락한 세상에서 발생할 수 있는 온
갖 나쁜 일에 관한 생각을 우리 마음에 쏟아 부어 좋은 것을 아예 생
각하지도 못하게 만드는 것이다. 이 전략에 넘어가면 냉소주의가
우리의 주된 사고방식이 되며, 심하면 자신이 그렇게 변했는지도 느
끼지 못할 지경에 이른다.

다음의 질문으로 냉소주의가 당신의 머릿속에 침범했는지 확인
해 볼 수 있다.

- 낙관적인 사람들을 보면 짜증이 나는가?
- 친절하게 구는 사람을 보면 속셈이 무엇인지 의심스러워지는가?
- 항상 오해를 당하는 기분인가?
- 일이 잘 풀릴 때는 언제 추락할지 몰라 불안한가?
- 사람들의 흠을 귀신같이 간파하는가?

- 늘 이용당할까 봐 불안해하는가?
- 새로운 사람을 만나면 항상 경계하는가?
- 왜 사람들이 정신을 차리지 못하고 자꾸만 뭔가를 기대하는지 한심하게 생각되는가?
- 자주 빈정거리는가?

냉소주의는 세상을 즐기고 사람들과 진정으로 상호작용하지 못하게 만든다. 하나님은 기뻐하고 즐길 거리를 수없이 주셨건만 그 모든 것을 팔짱을 끼고 바라보며 코웃음을 친다. 꼭 이렇게 살아야만 하는가?

경이롭고 아름다운 것들을 연구한 학자들은 흥미로운 사실을 발견했다. 경이로움을 경험하고 나면 다른 사람들에게 유익을 끼치게 된다는 것이다.

눈이 덮인 산꼭대기의 장관에 넋을 잃을 때, 아름다운 노래에 빠져들 때, 100년 된 교회 안에 조용히 앉아서 스테인드글라스 사이로 들어오는 햇빛에 취해 있을 때, 뒤뜰의 분수 사이를 뛰어다니며 깔깔거리는 아이들을 바라보며 기쁨에 겨워할 때, 우리는 자기 자신을 완전히 잊어버린다. 잠시나마 자기 세상의 중심이 되려는 욕심에서 해방된다. 타인의 행복에 더 관심을 갖고, 평소보다 관대해지며, 잠시나마 특권 의식을 내려놓는다.[2]

이런 경험을 해 봤는가? 아름다운 뭔가에 가슴이 부풀어 올라

터질 것만 같은 순간을 경험해 봤는가!

냉소주의는 "주변에 온통 무능력한 자와 사기꾼과 실망스러운 일뿐이야"라고 말한다. 그러나 하나님과 그분의 선하심을 기뻐하면 우리의 담이 허물어져 소망과 믿음과 예배가 마구 밀려들어온다. 우리 안에서 어떻게 예배가 솟아나는지 아는가? 일시적인 문제가 아니라 모든 기쁨의 근원이신 분 곧 하나님을 바라볼 때 그렇게 된다.

이스라엘 백성들처럼 덧없이 사라지는 것들에서 눈을 들어 영원하신 하나님을 바라보면 어떤 일이 일어날까? 바울의 설명을 들어보라.

> "그러나 그들이 모세처럼 돌아서서 하나님을 마주하면 하나님께서 그 수건을 벗겨 주십니다. 그러면 거기서 하나님과 서로 얼굴을 마주보게 됩니다! 그 순간 그들은 하나님이 율법을 새긴 한 조각 돌판이 아니라 살아 계셔서 인격적으로 임재하시는 분이라는 것을 깨닫게 됩니다. 살아 계신 영이신 하나님께서 임하시면 우리를 옥죄던 저 낡은 법조문이 쓸모없다는 것을 깨닫게 됩니다. 우리는 그 법조문에서 풀려난 사람들입니다! 우리 모두가 그러합니다! 우리와 하나님 사이를 가로막는 것은 아무것도 없습니다. 우리의 얼굴은 그분의 얼굴빛으로 환히 빛나고 있습니다. 하나님께서 우리 삶에 들어오시고 우리가 그분을 닮아갈 때 우리는 메시아를 꼭 닮은 형상으로 변화되고 우리 삶은 점점 더 밝아져

서 보다 아름다워질 것입니다"(고후 3:16-18 메시지성경).

모세가 산에서 하나님의 영광을 보고 내려올 때 얼굴이 빛났던 것처럼, 하나님이 우리의 삶 속에 들어오셔서 역사하시면 삶이 "더 밝아져서 보다 아름다워질" 것이다.

거짓말 : 사람들은 믿을 만하지 않고, 삶은 잘 풀리지 않을 것이다.

진리 : 하나님은 믿을 만하시고, 결국 모든 것이 합하여 선을 이 룰 것이다.

"우리가 알거니와 하나님을 사랑하는 자 곧 그의 뜻대로 부르심을 입은 자들에게는 모든 것이 합력하여 선을 이루느니라"(롬 8:28).

나는 하나님과 내 주변 세상에 가득한
그분 역사의 증거를 기뻐하기로 선택하리라.

우리에게는 선택권이 있다

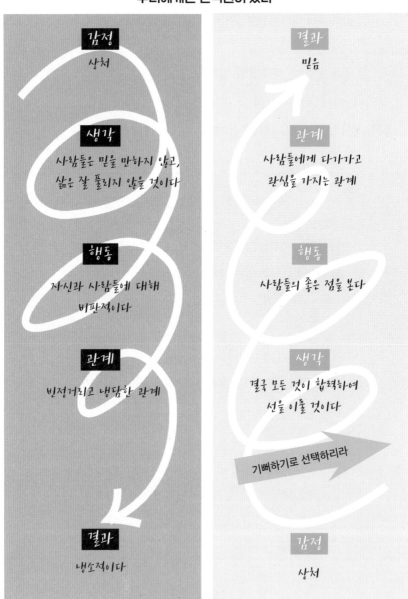

감정
상처

생각
사람들은 믿을 만하지 않고,
삶은 잘 풀리지 않을 것이다

행동
자신과 사람들에 대해
비판적이다

관계
빈정거리고 냉담한 관계

결과
냉소적이다

결과
믿음

관계
사람들에게 다가가고
관심을 가지는 관계

행동
사람들의 좋은 점을 본다

생각
결국 모든 것이 합력하여
선을 이룰 것이다

기뻐하기로 선택하리라

감정
상처

〈그림6〉

참된 평안을 누리고 싶었다
그러나…

당신이 완전히 냉소주의에 물들었다면 지금부터 내가 무슨 말을 해도 받아들이지 않을 것이다. 충분히 이해한다. 나도 지독한 냉소주의에서 회복되는 중이니까 말이다. 의심에 시달리던 나날, 나는 냉소주의 기술을 완벽하게 터득하고 발휘했다. 몸과 마음이 건강할 때 나는 치어리더요 못 말리는 낙관주의자이며 열정과 희망으로 가득 찬 에니어그램 7번 유형의 인간이다. 하지만 지독히 어두웠던 18개월 동안 내 마음속에 뿌리를 내린 냉소주의는 허세와 교만의 껍데기 아래에 교묘하게 숨어서 하루가 다르게 자라갔다. 나도 모르는 사이에 나는 분노와 짜증과 두려움이 가득한 사람으로 변해갔다.

냉소주의자는 "사람의 동기와 행동의 순수함이나 선함을 불신하는 성향을 보이는" 사람이다.[3] 이 정의가 분명 내게 해당되기는 했지만 안타깝게도 나는 여기서 끝나지 않았다. 결국 나는 하나님까지 불신하기 시작했다.

내 경우 냉소주의는 부지불식간에 내 마음 주위로 거대한 담을 쌓는 대규모 공사의 형태로 나타났다. 당시는 내가 참된 기쁨을 빼앗기고 있는 줄 전혀 몰랐다. 오히려 피상적이고 일시적인 것들을 즐기면서 내가 기쁨으로 가득하다고 착각하게 되었다.

내 삶은 바울의 말처럼 날마다 "더 밝아져서 보다 아름다워"지기는커녕 냉소주의의 짙은 구름 밑에서 나날이 어두워져만 갔다. 나는 비판적이고 불신을 일삼고 쌀쌀맞은 사람으로 변해 갔다.

냉소주의는 하나님을 올바로 볼 능력을 앗아간다. 냉소주의 본질은 하나님이 만사를 다스리시고 선하시다는 사실을 믿지 않는 것이다. 냉소주의는 여전히 크게 벌어져 욱신거리는 지난 상처를 통해 세상과 하나님을 해석한다. 냉소주의는 수직적으로 하나님을 바라보기보다는 수평적으로 사람들을 바라보게 만든다.

그때 나는 내 상처가 나의 외적인 행동을 좌우하고 있다는 것을 전혀 깨닫지 못했다. 중압감, 절망감, 건강을 회복하려는 고된 몸부림으로 지칠 대로 지친 나는 참된 기쁨에 대한 기대를 아예 접었다. 당시 내가 기쁨이라고 여긴 것은 단순히 피상적인 것들로 잠시 머리를 식히는 일에 불과했다. 그렇게 걷잡을 수 없이 자라가던 냉소주의와 상처는 전혀 뜻밖의 상황에서 갑자기 제동이 걸렸다.

앞서 소개했던 내 친구 커트 톰슨은 최근 한 리더십 수련회에서 나를 비롯한 여러 참가자에게 많은 시간을 투자했다. 우리는 여럿이 모여서 자주 이야기를 나누었다. 그런데 내가 다른 사람들이 불편할만한 태도를 보였었나 보다. 나중에 톰슨이 내게 지적해 준 뒤에야 그것을 깨달을 수 있었다. 살짝 치켜 올린 눈썹, 팔짱을 낀 자세 등 내 모습에서 톰슨은 한 가지 꾸준한 메시지를 감지했다. "나를 건드리지 마."

당시 나는 꽤 치유된 상태였지만 아직 성가신 질문을 받아 줄 여력이 없었다. 나는 그저 친구들과 멕시코 음식을 먹고 낯선 사람들과는 적당한 거리를 두고 싶었다. 톰슨은 우리의 정신과 마음과 인생살이에 관한 지혜를 나누다가 사람들에게 묻곤 했다. "요즘 어떠세요?"

그 질문이 나를 향하지 않을 때는 괜찮았다. 그래서 나는 톰슨과의 눈맞춤을 피하며 아무 문제가 없는 척했다. 그런데 수련회 첫날이 절반쯤 지나갔을 때 톰슨이 결국 벌집을 쑤셨다. 우리의 대화가 끝나갈 무렵 잠깐의 침묵이 흐른 뒤 톰슨이 갑자기 나를 보며 물었다. "요즘 어떠세요?"

나는 잠시 그를 응시하다가 씩 웃고 어깨를 으쓱하며 대답했다. "좋아요." 그는 내가 정말로 존경하는 사람이었다. 우리 모두는 그와 한자리에 있다는 사실을 큰 영광으로 여겼다. 하지만 나는 매우 성의 없는 대답을 했다. 그 주말 내내 내 전략은 잘 통했다. 내가 소극적인 태도를 보일수록 톰슨은 나를 덜 귀찮게 했다. 하지만 내가 나의 어두운 문제를 들키지 않고 잘 넘어갔다고 생각했을 때, 전혀 예기치 못한 것이 나의 냉소적인 방어막을 뚫어 버렸다.

어떤 일이 있었는지 이야기하기 전에 먼저 우리가 냉소주의에 빠지는 이유부터 짚고 넘어가야 할 듯하다. 그것은 대개 우리가 현재 받는 대접보다 더 좋은 대접을 받아야 한다고 생각할때 빠진다. 냉소주의 뿌리에는 깊은 상처가 존재한다. 냉소주의는 누구도 믿을 수 없고, 어떤 인간도 안전하지 않다고 속삭인다.

그 수련회에서 나의 냉소주의는 좀 창피한 생각에서 비롯했다. (내가 그렇게 창피한 생각을 이 자리에서 고백하게 될 줄은 꿈에도 생각하지 못했다!) 내 깊고도 어두운 영적 소용돌이에서 나온 뒤로 더 이상 새벽 3시에 눈을 뜨지 않게 되었다. 하지만 하나님을 향한 앙금은 아직 조금 남아 있었다. 그 이유는 이러했다. 대놓고 말하지는 않았지만 사실 나는 하나님이 나를 좋아하신다는 은근한 자부심을 품고 살아왔다. 내가 하나님이 유독 사랑하는 자녀 중 한 명이라고 생각했다. 하나님이 편애를 하시지 않는 줄 알면서도 나를 타인보다 유독 더 사랑하신다는 생각을 하며 남몰래 미소를 지었다.

그런데 어두운 의심의 소용돌이를 지나면서 실수로 책상과 벽 사이에 종이를 떨어뜨리듯, 하나님이 실수로 나를 어려움의 늪에 빠뜨리신 것은 아닌지 의심하게 되었다. 내가 틈에 빠졌는데 하나님이 눈치를 채지 못하거나 알면서도 귀찮아서 구해 주시지 않은 것만 같은 기분이 들었다. 한마디로 나는 하나님께 상처를 받았다. 내 두려움은 두꺼운 냉소주의 갑옷을 만들어 냈다. 이 갑옷 덕분에 더 이상의 상처를 입지 않았지만 그로 인해 기쁨이 들어올 틈도 차단되었다.

빌립보서 4장에 기록된 바울의 말을 다시 보자.

"주 안에서 항상 기뻐하라 내가 다시 말하노니 기뻐하라 너희 관용을 모든 사람에게 알게 하라 주께서 가까우시니라 아무것도 염려하지 말고 다만 모든 일에 기도와 간구로 너희 구할 것을 감사함으로 하나님께 아뢰라 그리하면 모든 지각에 뛰어난 하나님의 평강이 그리스도 예수 안에서 너희 마음과 생각을 지키시리라 끝으로 형제들아 무엇에든지 참되며 무엇에든지 경건하며 무엇에든지 옳으며 무엇에든지 정결하며 무엇에든지 사랑받을 만하며 무엇에든지 칭찬받을 만하며 무슨 덕이 있든지 무슨 기림이 있든지 이것들을 생각하라 너희는 내게 배우고 받고 듣고 본 바를 행하라 그리하면 평강의 하나님이 너희와 함께 계시리라"(빌 4:4-9).

물론 나는 어둡고 암담한 생각들을 떠오르는 족족 몰아냈다. 하지만 좋은 생각들을 마음에 채워 넣기 전까지는 부정적인 생각들의 굴레에서 완전히 벗어날 수 없었다. 빌립보서 4장의 이 구절에는 내가 놓치지 말았어야 하는 중요한 것이 있었다. 톰슨과 함께 있을 때 나는 바울이 내게 말하는 것 같은 느낌을 받았다. "명심하라. 너 스스로 마음을 지키려고 할 수도 있고 마음을 지키는 일을 하나님께 맡길 수도 있다."

마음을 지키기 위한 나의 방식은 높은 담을 쌓는 것이었다. 아울러 내 상처와 그로 인해 하나님과 사람들을 향해 들끓는 분노를 감추기 위해 "좋아요!"를 남발했다.

"제니, 요즘 어떻게 지내?"

"좋아! 잘 지내고 있어!"

"요즘은 어때? 여전히 좋아?"

"어, 전보다 더 좋아. 정말이야! 네 얘기나 해 봐. 너는 어때?"

하나님의 방식이 더 좋다. 하나님의 방식을 따랐다면 평강으로 이어졌을 것이다. 바울은 분명 그렇게 말하고 있다. 그는 경건하고 옳고 사랑받을 만하고 칭찬받을 만한 생각을 하면 하나님의 평강이 찾아온다고 말한다. 그 평강을 정말로, 정말로 누리고 싶었다. 그런데도 나는 왜 여전히 그렇게 냉소적이었을까?

아름다움에
감탄하다

정식 공연장에서 처음 뮤지컬을 봤을 때 나는 20대 초반의 새댁이었다. 한 공연 기획사가 투어 공연 중이었다. 마침내 〈레미제라블〉(Les Misérables)이 우리 리틀록의 무대에 걸리게 되었다. 하지만 나는 나름대로 학교 연극을 꽤 본 터라 '뭐 다르면 얼마나 다르겠어?'라고 생각했던 기억이 난다. 하지만 막상 보니 달라도 너무 달랐다!

남편과 나는 대학을 갓 졸업한 터라 경제적으로 넉넉하지 못한 때였다. 하지만 있는 돈 없는 돈 다 긁어모아 가장 싼 표를 구했다. 더 나은 삶을 꿈꾸며 'Castle on a Cloud'를 부르는 어린 코제트(Cosette), 자신을 전혀 사랑하지 않는 마리우스(Marius)를 죽도록 연모

하는 에포닌(Éponine)이 'On My Own'을 부르는 장면, 모든 출연진이 'One Day More'를 부르는 장면은 실로 감동이었다. 나는 저 아래 오케스트라 구역과 나 사이에 있는 난간에 위태롭게 몸을 걸치고서 공연을 조금이라도 더 선명하게 보려고 애를 썼다. 정교한 배경을 갖춘 회전하는 무대와 심히 멋진 의상들과 너무 아름다워서 나로 하여금 감동의 눈물을 흘리게 만든 노래가사들로 가득했다. 나는 입을 벌린 채 앉아 있었다. 평생 뮤지컬을 한 번도 보지 못한 사람처럼 보였을 것이다. 실제로 그날 밤 전까지 내가 본 뮤지컬은 뮤지컬이 아니었다.

아름다움은 우리를 뒤흔든다. 아름다움은 우리를 깨우고 우리의 마음을 열어 새롭게 뜯어고친다. 아름다움은 훨씬 더 놀라운 뭔가가 오고 있다는 증거이다. 우리가 이 땅에서의 가장 찬란한 순간에도 상상할 수 없는 세상에 대한 하나님의 증거이다. 하나님은 우리가 소망하는 것보다 더 좋은 것을 예비하셨다. 입이 벌어질 만큼 좋은 것이 오고 있다.

칭찬받을 만하고 사랑받을 만하고 참된 것들을 마주할 때마다 우리는 전과 달라진다. 우리는 아름다움의 영향을 받는다. 나는 바울이 우리에게 이런 것을 생각하라고 말할 때 바로 이 점을 염두에 두었으리라 확신한다.

아름다운 것, 진정한 것, 매력적인 것, 좋은 것에 관심을 기울이도록 우리의 마음을 훈련시키면 좋은 일이 벌어진다. 하나님께로부터 온 이 좋은 것들은 단순히 우리에게 가슴 벅찬 감정적 경험만을 선사하는 것이 아니라 그 아름다움을 창조하신 아름다운 분을 가리킨다.

반면에 냉소주의는 이 땅의 것들에만 마음을 두게 만든다. 그러면 소망을 잃어버리는 것은 시간 문제이다. 하지만 아름다움은 저 하늘을 바라보게 만든다. 그럴 때 우리의 소망이 회복된다. 아름다움 앞에서 냉소주의는 무너져 내린다.

존 파이퍼(John Piper) 목사는 정신 건강을 위한 자신의 은사 클리이드 킬비(Clyde Kilby)의 10가지 결심에 관해 이야기한 적이 있다. 그 중 여섯 번째 결심은 이것이다. "눈과 귀를 열 것이다. 하루에 한 번씩 오로지 나무, 꽃, 구름, 사람을 응시할 것이다. 그것이 어떤 종류인지를 궁금해 하지 않고 그냥 있는 그대로 즐길 것이다."[4]

대학교 3학년 때 여성 동아리에서 20명 남짓의 2학년생들을 모아놓고 성경 공부를 진행하며 이 글을 처음 접했다. 어느 날 밤 모임에서 나는 한 성경 구절을 본문으로 완벽한 강의를 준비해 갔다. 하지만 모두 자리에 앉았을 때 순간 강의 내용을 바꾸기로 결심했다. 내 주위에 둘러앉은 학생들은 내가 준비한 메시지를 받아들일 준비가 전혀 되어 있지 않았다. 눈은 흐리멍덩하고 어깨는 축 늘어진 것이 지치고 낙심하고 혼란에 빠져 있는 기색이 역력했다. 나는 아무 말도 하지 않고 동아리실 밖으로 달려 나가 근처 나무에서 나뭇잎 한 장을 뜯었다. 그것을 들고 다시 동아리실로 달려와 자리에 앉았다. "얘들아, 이 나뭇잎을 돌리면서 자세히 봐. 불룩한 부분과 잎맥과 색깔과 모양과 줄기까지 자세히 뜯어봐."

물론 유치하기 짝이 없는 실물 교육이었다는 것을 나도 잘 안다. 하지만 어떤 일이 벌어졌는지 아는가? 이 유치한 방법이 통했다. 하나님은 이 하나의 나뭇잎을 무척 공들여 빚으셨다. 그러니 우리의 삶을 빚으실 때는 얼마나 더 세심하게 공을 들이셨겠는가. 우리는 우연의 산물이 아니다. 하나님께 우리의 상황은 금시초문이 아니다. 우리를 무겁게 짓누르고 있는 것이 무엇이든 하나님은 기꺼이 그것을 우리의 어깨에서 벗겨 주실 것이다.

큰 소리로 우는 공작을 생각해 보라. 그 화려한 색깔과 정교한 모양은 참으로 눈에 즐겁지 아니한가. 하나님 외에 누가 이와 같은 걸작을 만들 수 있겠는가! 주체할 수 없이 가슴이 부풀어 오르게 만드는 교향곡은 또 어떤가? 교향곡을 들을 때면 나도 모르게 입과 동공이 벌어진다. 허리케인 하비가 쓸고 지나간 탓에 50센티미터가 넘게 물이 찬 거실에서 업라이트 피아노를 연주하는 남자의 동영상도 있다.[5]

꽃잎들의 패턴은 또 어떤가? 백합은 3개, 미나리아재비는 5개, 치커리는 21개, 국화는 34개이다. 이 숫자가 다 우연이 아니라는 것을 아는가? 하나님은 이 모든 숫자를 미리 생각하셨다가 선포하셨다.

허리케인과 조가비의 완벽한 나선형, 새들의 일사불란한 비행 패턴, 인간의 팔꿈치와 손가락, 발가락의 구조 등 볼 눈만 있다면 사

나는 기뻐하기로 선택하리라

I Choose Delight

방에 이런 증거가 가득하다.

> 이 정교한 의도
> 이 훌륭한 솜씨
> 이 놀라운 기능성
> 이 아름다움
> 이 확실한 증거들

과학자들은 이 모든 것이 단순한 우연이라고 주장한다. 하지만 나는 그것이 틀렸다는 것을 안다. 당신도 눈을 크게 뜨고 보면 알 수 있다. 시편 기자는 이렇게 선포했다. "하늘이 하나님의 영광을 선포하고 궁창이 그의 손으로 하신 일을 나타내는도다"(시 19:1). 좋고 아름다운 것들은 단순히 우리의 기분을 띄우기 위해서가 아니라 하나님을 가리키기 위해 존재한다.

그날 리더십 수련회에서 하나님은 팔짱을 끼고 "좋아요"를 남발하는 내 자아를 깨뜨리셨다. 하나님은 한 에세이를 사용하셨다. 예기치 못한 어려움에 관한 단순하면서도 아름다운 에세이였다. 제목은 '네덜란드에 온 것을 환영합니다'(Welcome to Holland)였다. 이 에세이의 요지는 장애아를 낳는 경험에 관한 것이지만 그 안에 담긴 교훈은 수많은 상황에 똑같이 적용될 수 있다.

내 친구 미카(Mica)가 기억을 더듬어 줄거리를 얘기해 주었는데,

그 이야기가 내가 공들여 쌓은 자기방어의 담을 허물어 버렸다. 이 에세이[6]는 근사한 이탈리아 여행을 꿈꾸며 여행책자를 사고 일정도 짜는 상황에 대한 이야기이다. 하지만 비행기에서 내려 보니 엉뚱하게도 이탈리아가 아닌 네덜란드였다. 네덜란드도 나쁘지 않지만 친구들은 꿈같은 이탈리아 여행을 즐기고 있는데 자신만 아무 계획도 없이 덩그러니 네덜란드 땅 위에 서 있는 것이다.

어느 순간부터 눈물이 흘렀다. 나도 홀로 네덜란드 땅에 서서 왜 하나님이 이 상황을 허락하셨을까 고민하며 혼란에 빠져 있었기 때문이다. 왜 하나님은 아무런 상의도 없이 내가 세우지도, 원하지도 않은 계획 속으로 나를 던지셨는가? 왜 내가 책상 뒤의 어두운 틈에 빠져 여태 허우적거리게 놔 두셨는가? 이렇게 큰 소리로 말하는 순간, 있는 줄도 몰랐던 상처가 드러나고 고통이 완화되었다.

바울이 생각하라고 했던 아름답고 훌륭하고 옳은 것들은 의심을 누그러뜨리고 혼란스러운 마음을 맑게 해 준다. 좋아하는 사람들과 탁월한 상담자와 함께한 주말 수련회는 우리 안의 모든 잠재력을 끌어낸 것만이 아니다. 하나님은 한 에세이를 사용하여 나의 꽉 낀 팔짱을 풀어 버리셨다.

아름다움은 우리 자신을 초월하는 뭔가를 가리키는 증거이다. 아름다움은 다가올 세상에 관한 증거이다.

아름다움은 사랑과 기쁨이 넘치는 창조주를 가리키는 증거이다. 우리가 냉소주의가 아닌 믿음을 선택할 때 아름다움이 밀려와 부정적인 생각을 흩어버린다.

두꺼운 벽을
허물다

최근 암스테르담대학(University of Amsterdam)의 학자 미치엘 반 엘크(Michiel van Elk)는 뇌 MRI를 통해 경이로운 감정이 이기심을 몰아낸다는 사실을 밝혔다. 뭔가에 대해 경이감을 느끼면 이기주의에서 이타주의로 돌아서서 주변 사람들과 더 깊이 연결되는 경우가 많다.[7]

경외감을 경험할 때 예배하게 된다. 그래서 냉소주의와 예배는 공존할 수 없다. 당시 내가 얼마나 냉소적이었는지, 왜 그토록 아무 것도 믿지 못하고 돌아보면 너무 안타깝다. 내게 지나치게 가까이 다가오는 사람들이 싫었다. 물론 이는 큰 문제였다. 냉소주의가 사탄의 강력한 무기인 이유는 우리가 그 안에 갇혀 있을 때는 도움을 받을 필요성 자체를 느끼지 못하기 때문이다. 스스로 괜찮다고 생각하기 때문이다. "좋아요. 잘 지내고 있어요. 걱정해 줘서 고마워요."

하지만 실상은 전혀 다르다. 우리는 모두 예수님을 절실히 필요로 한다. 오래전 브루노 마스(Bruno Mars)는 "널 위해서라면 수류탄도 잡을 수 있다. 널 위해서라면 달려오는 열차 앞으로 뛰어들 수도 있어"라고 노래했다.[8] 훈훈한 가사이지만 마스가 실제로 당신을 위해 이렇게 하리라고 생각하지는 않는다. 그렇다면 누가 이렇게 할 수 있을까? 누가 이렇게 했는지 아는가?

물론 답은 하나님의 아들 예수 그리스도시다. 예수님은 "도움 따윈 필요하지 않아"라고 말하며 쿨한 척을 하는 우리의 태도를 깨부수기 위해 말할 수 없는 큰 희생을 치르셨다. 예수님의 십자가 희생은 우리의 지성과 수치와 의심을 뚫고 들어온다. 예수님은 삶 속으로 들어와 우리가 그토록 진실이기를 원했던 이야기로 우리를 사로잡아 주셨다.

얼마 전 집에서 몇 시간 떨어진 곳에서 강연을 하던 중에 집에서 약간의 소동이 벌어지고 있었다. 막내딸 캐롤라인(Caroline)이 2층 화장실에 갇혀서 나오지 못하고 있었다. 댈러스에 있는 우리 집은 족히 100년은 된 집이라 창들의 페인트는 최소한 20번은 덧칠해졌고 바닥은 고르지 못해 군데군데 울퉁불퉁했다. 문의 손잡이들은 언제 떨어질지 모르게 덜렁거렸다. 그러던 차에 실제로 문손잡이 하나가 떨어지는 바람에 막내 딸이 화장실에 갇히고 만 것이다.

남편은 나와 함께 행사장에 있었는데, 캐롤라인과 몇 킬로미터 떨어진 대학 기숙사에서 살던 우리 아들 코너(Conner)의 문자 메시지에 정신없이 답하고 있었다. 코너가 마침 몇 가지 짐을 챙기기 위해 집에 와 있었다. 내가 상황을 알게 되었을 때는 남편과 아이들이 문자를 주고받은 지 2시간이 지나서였다. 그 소식에 나는 눈물이 날 때까지 웃었다.

남편이 캐롤라인을 제외한 모든 자녀에게 :	애들아, 가서 화장실에 갇혀 있는 캐롤라인을 좀 구해 주렴.
남편이 캐롤라인에게:	얘야, 나왔니?
코너가 남편에게:	상황이 안 좋아요.
남편이 코너에게:	엄마는 강연 중이야.
코너가 남편에게:	문을 부술게요.
몇 초 뒤, 코너가 남편에게:	지금 당장 다른 방법이 없어요. 빨리 해결하고 학교에 가야 해요.
이미 임무를 준비 중인 코너가 남편에게:	다른 방법은 없어요.
코너가 남편에게:	고등학교 미식축구 헬멧과 패드와 운동셔츠로 무장한 셀카 사진을 보낸다.
코너가 남편에게:	문을 부술게요.
남편이 코너에게:	안 돼!

코너가 남편에게:	아빠, 패드를 찾았어요. 캐롤라인을 꺼낼 수 있어요. 다른 방법은 없어요.
남편이 코너에게	안 돼!
케이트가 남편과 코너에게	내가 곧 갈게.
남편이 모든 자녀에게	엄마가 강연을 마치고 내가 전화할 때까지 기다려.
남편이 캐롤라인에게	일단 네가 평소에 화장실에서 하던 걸 해. 그렇게 바쁘게 움직이다보면 2-3시간은 금방 지날 거야.

셀카 속 코너의 표정에는 동생에 대한 걱정과 동생을 구하겠다는 굳은 의지가 역력했다. "동생아, 내가 구하러 갈게!" 바로 이것이 내가 온갖 어두운 생각의 소용돌이와 사투를 벌이는 당신을 생각할 때 떠올리는 그림이다. 예수님은 우리를 구하러 오셨다. 바로, 모든 일을 의심하는 당신과 나를 위해 오셨다. 불평이 많고 성미가 까다롭고 툭하면 의심을 하고 냉소적이고 부정적인 우리를 위해 오셨다. 앞서 말했듯이 다른 모든 생각을 바꿔 놓는 한 가지 생각은 바로 '내게 선택권 있다'라는 생각이다. 이것이 사실인 이유는 한 가지이다. 바로 예수님이 먼저 우리를 선택하셨기 때문이다.

예수님이 아름답고 온유한 모습으로 문을 부수고 우리를 구해 내셨기 때문이다. 예수님이 만반의 준비를 갖추고서 우리를 구하러 오셨다. 이것이 우리가 냉소적으로 굴며 최악을 기대할 필요가 없는 이유이다. 우리는 인간의 머리로 상상할 수 있는 것보다 훨씬 더 좋은 영원을 약속받았다.

"
왜 다들 내 말을 듣지 않는 거지?

하지만 내가 옳았어!

너는 나를 신경 쓰지 않아.

저들이 틀렸다는 걸 증명해 보이고 말겠어.

내 잘못은 하나도 없어.

내 문제에 관심을 가져 주는 사람은 아무도 없는가?

나는 얼마든지 할 수 있어.

12

교만에 갇힌다면(겸손)

예수의
겸손의 자리로까지
나가라

얼마전, 이프 개더링(IF:Gathering)의 동료 중 한 명에게 화를 쏟아 냈다. 설상가상으로 이 동료는 우리 그룹에 들어온 지 얼마 되지 않아 나에 대하여 잘 모르는 사람이었다. 그는 내가 평소에는 화를 잘 내지 않는 사람이라는 것을 전혀 몰랐다. 더 큰 문제는 내가 사과하지 않았 다는 것이다. 최소한 처음에는 미안하다는 말을 하지 않았다.

왜 내가 그런 반응('격한' 반응이라고 해 두자)을 보이게 되었는지 여기 서 자세히 말할 필요는 없을 것 같다. 다만 얼마나 노발대발했던지 그는 완전히 토라졌다. 서운한 기색이 역력했다. 세상에서 가장 눈 치가 없는 사람만 그의 반응을 알아채지 못할 것이다. 하지만 내가 용서를 구함으로 사태를 수습했을까? 전혀 아니다. 나는 그냥 내 일 을 보았다. (혹시나 해서 하는 말인데, 이런 일이 있었다고 이프 개더링에 인턴으로 지 원하는 것을 망설이지 않기를 바란다. 나는 평소에는 정말, 정말 유순한 사람이다. 이렇게 화를 낸 경우는 손에 꼽을 정도다.)

그날 오후 퇴근길에 이 새로운 팀원에게 사과의 전화를 할까 고 민했다. 하지만 이내 나 자신을 정당화하는 생각이 꼬리를 물었다. '별 일 아니야. 이미 잊었을 거야. 괜히 말을 꺼내서 기분 나쁜 기억

을 떠올리게 할 필요는 없지.'

그의 행동이 비난받을 만했다면서 나의 행동을 정당화했다. 더불어 내가 너무 피곤하고 배가 고파서 잠깐 폭발한 것이니 너무 심각하게 자책할 필요가 없다는 생각도 했다. 내가 얼마나 큰 스트레스를 받고 있는지 알면 그도 이해해 줄 거라고 확신했다.

그렇게 나 스스로 자신을 봐 주었다. 조금만 더 깊이 생각했다면 자존심을 따라 살라는 거짓의 속삭임을 알아차렸을 것이다. 다른 사람의 이야기 같지 않지 않은가? 우리는 늘 비교하고 정당화하고 판단한다. 이 세상에서 자신의 위치와 자리를 생각하느라 쓸데없는 시간을 너무도 많이 허비한다. 아마도 이것이 사도 바울이 자신을 너무 중요하게 여기지 말라고 경고한 이유이지 않을까? 대신 우리는 "존경하기를 서로 먼저" 해야 한다(롬 12:10). 하지만 이런 삶의 자세를 기르려면 우리 생각의 자연스러운 궤적을 의식적이고도 반복적으로 뒤흔들어야 한다.

그리스도를 따르는 삶에 관해서 내가 가장 좋아하는 사상가 중 한 명은 19세기 목사이자 다작가인 앤드류 머레이(Andrew Murray)이다. 머레이의 가장 유명한 책 가운데 하나가 이 겸손이라는 주제를 다루고 있다. 사실, 책 제목 자체가 '겸손'(Humility)이다. 딱히 독창적인 책은 아니지만 때로는 평범한 것이 최고이다.

그 책에서 저자는 남들을 "자신보다 더 중요하게 여기는 것"에 관해 자세히 다룬다. 그런 겸손에 대해 "예수님의 생명에 참여하는 것", "하나님에 대한 전적인 의지", "은혜가 뿌리를 내리는 유일한 토양", "영혼으로 하여금 믿음의 삶을 살게 만드는 기질", "우리의 구속", "우리의 구원자" 같은 엄청난 표현을 쓰고 있다.[1]

또한 이렇게 말했다. "자주 묻는 질문은 이것이다. 남들이 지혜나 거룩함, 타고난 재능, 받은 은혜에서 우리보다 훨씬 못한 것이 빤히 보이는데 어떻게 남들을 우리보다 더 낫게 여길 수 있는가?"[2]

바로 이것이 앤드류 머레이를 사랑할 수밖에 없는 이유이다. 그는 마음이 우리를 어떻게 방해하는지 정확히 알았고, 우리의 진짜 생각을 글로 그대로 옮길 용기를 가지고 있었다. 교만은 이렇게 말한다. 저 사람이 틀렸어! 다 저 여자가 잘못 행동한 탓이야! 나는 별로 잘못한 것이 없어! 동료에게 퍼부은 일에 관해서는 '별일 아니야. 무슨 말인지 알거야'라고 생각한다.

이후 24시간 내내 한 가지 성경 구절이 계속해서 떠올랐다. 사실 나는 내 입이 말썽을 일으킬 때마다 베드로전서 2장의 이 구절을 떠올리곤 한다. 이 구절의 배경은 하나님의 선택을 받은 특별한 백성으로서 우리가 어떻게 살아야 하는가에 관한 것이다. 간단한 답은 예수 그리스도의 본을 따라야 한다는 것이다. 하지만 이것이 그렇게 간단한 일이 아니라는 것쯤은 다 알고 있다.

최소한 내 경우는 다음과 같은 사실을 생각할 때 엄두가 나질 않는다. 예수님은 완벽한 하늘을 떠나 이 땅으로 내려와 한낱 인간의 몸을 입으셨다. 그리고 이 땅에서 흠 없는 삶을 사셨기 때문에 하나님은 예수님에 대해 죄가 없다고 선언하셨다. 하지만 예수님과 극심하게 대치하던 종교 지도자들은 결국 그분을 십자가에 못 박아 죽이기로 마음을 먹었다. 22절에 따르면 그들은 "죄를 범하지 아니하시고 그 입에 거짓도 없으"신 분에게 그런 용납할 수 없는 짓을 저질렀다.

그리하여 예수님은 그분을 죽일 힘이 있는 권력자들 앞에 서게 되셨다. 그들은 예수님께 할 말이 있으면 해 보라고 윽박을 질렀다. 그 순간, 예수님은 일생일대의 선택을 마주하셨다. 어떻게 반응할 것인가?

이에 대한 답을 생각할 때마다 한없는 죄책감이 밀려온다. 23절은 이렇게 말한다. "욕을 당하시되 맞대어 욕하지 아니하시고 고난을 당하시되 위협하지 아니하시고 오직 공의로 심판하시는 이에게 부탁하시며."

예수님은 모함을 당하는 순간까지도 아무런 죄를 짓지 않고 입술을 절제하셨다. 그에 반해 나는 어떤가? 비록 그 팀원이 실수를 했을지 몰라도 나는 참지 못하고 입술로 죄를 짓고 말았다.

마음의 완벽한 고요함이
겸손이다

지금까지 우리는 몇 장에 걸쳐서 유해한 생각들에 맞서서 어떤 선택을 할 수 있는지에 관해서 이야기했다. 그리스도의 마음을 닮은 '다른 생각들'을 선택해야 한다는 이야기를 했다. 예를 들어, 진실을 다루지 않고 바쁜 삶 속으로 도망치고 싶을 때 하나님의 임재 안에 조용히 있는 편을 선택할 수 있다. 우리의 마음이 불안과 의심과 두려움에 사로잡힐 때는 하나님에 관한 진리를 기억하기로 선택할 수 있다.

하나님이 얼마나 가까이 계신지를 생각할 수 있다. 하나님이 얼마나 선하신지를 생각할 수 있다. 하나님의 공급하심을 생각할 수 있다. 하나님의 사랑을 생각할 수 있다.

온 세상에서 자신이 혼자라는 거짓말이 공격해 올 때는 대신 이런 생각을 선택할 수 있다. '하나님의 영이 내 안에 거하신다. 그렇기 때문에 나는 결코 혼자가 아니다. 그리고 나를 사랑하고 나와 함께하기를 원하는 사람들이 있다. 가만히 앉아서 기다리지만 말고 내가 먼저 다가가자.'

삶은 무가치하고 우리의 노력은 무의미하며 세상에 중요한 것은 아무것도 없고 누구도 믿을 수 없다는 냉소적인 생각이 밀려오는가? 그럴 때는 오히려 주변 세상을 향해 자신을 열어 하나님과 그분이 해주신 모든 일을 기뻐하는 편을 선택할 수 있다. 이 모든 선택은 우리의 사고 패턴을 재구성하여 우리가 원하는 사람이 되도록 도와준다.

자, 해로운 사고 패턴을 몰아내기 위한 무기를 소개한다. 그 무기는 바로 겸손이다. 이 세대에 만연한 마음의 적들 중 하나는 SNS와 드라마와 영화, 심지어 자기계발 서적을 통해서도 우리 안으로 침투하는 자만과 교만이다. 우리가 누구보다도 대단하고 중요하다고 추켜세우는 메시지가 사방에서 우리를 융단폭격하며, 우리는 그 거짓말 하나하나를 곧이곧대로 믿는다. 하지만 우리는 다른 선택을 할 수 있다.

원수가 교만의 열매를 맛보며 "하나님과 같이"(창 3:5) 되리라고 속삭여도 우리의 정체성이 오직 그리스도 안에 뿌리를 내리고 있다는 사실을 알고서 자기 십자가를 지고 예수님을 따르기로 선택할 수 있다. 하지만 인간 본성의 모든 것이 이 선택에 저항하게 되어 있다.

거짓말 : 자존감이 높을수록 더 나은 삶을 살 수 있어.

진리 : 나 자신보다 하나님과 타인을 낮게 여기는 선택을 할수록 더 큰 기쁨이 찾아온다.

"너희 안에 이 마음을 품으라 곧 그리스도 예수의 마음이니 그는 근본 하나님의 본체시나 하나님과 동등됨을 취할 것으로 여기지 아니하시고 오히려 자기를 비워 종의 형체를 가지사 사람들과 같이 되셨고 사람의 모양으로 나타나사 자기를 낮추시고 죽기까지 복종하셨으니 곧 십자가에 죽으심이라"(빌 2:5-8).

나 자신보다 하나님과 남들을 낮게 여기기로 선택하리라

우리에게는 선택권이 있다

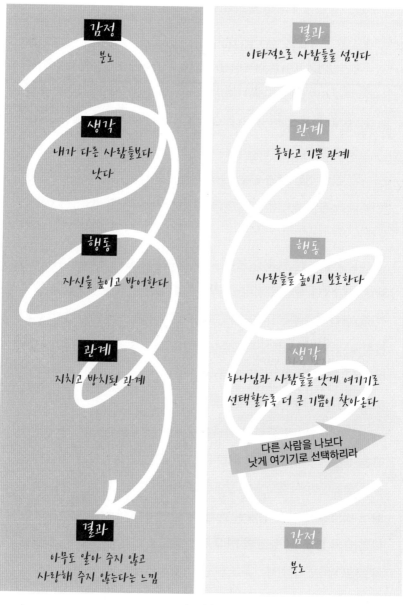

감정
분노

생각
내가 다른 사람들보다 낫다

행동
자신을 높이고 방어한다

관계
지치고 방치된 관계

결과
아무도 알아 주지 않고 사랑해 주지 않는다는 느낌

결과
이타적으로 사람들을 섬긴다

관계
훈훈하고 기쁜 관계

행동
사람들을 높이고 보호한다

생각
하나님과 사람들을 낫게 여기기로 선택할수록 더 큰 기쁨이 찾아온다

다른 사람을 나보다 낮게 여기기로 선택하리라

감정
분노

〈그림7〉

213

최근 나는 다음 인용문을 인스타그램에 올렸다.

> "겸손은 마음의 완벽한 고요함이다. … 아무것도 기대하지 않고,
> 내가 당한 일에 대해 아무것도 따지지 않고, 아무 일도 없었던 것
> 처럼 생각하는 것이다. 나를 칭찬하기는커녕 나를 비난하거나
> 경멸해도 흔들리지 않는 것이다. 주변은 온통 어지러워도 주님
> 안에 있는 복된 본향으로 들어가 문을 닫고 아버지 앞에 은밀히
> 무릎을 꿇고 깊은 고요의 바다에서 편히 쉬는 것이다."

이 글에 대한 반응을 눈여겨 볼 필요성이 있다. "저런, 너무 어
렵네요." "그런 사람이 얼마나 될까?" "휴, 고통스러울 것 같네요."

그만큼 겸손은 이 세상의 길과 정반대이다. 그릇된 생각이 소용
돌이치는 우리의 머리는 인정을 받기 위해 서로 다투지 않고 편히
쉰다는 것을 이해할 수 없다. 하지만 우리는 자기 세상의 중심에 서
도록 창조되지 않았다.

교만은 앞서 말했던 아름다운 거울 신경을 교란시킬 수 있다.
거울 신경의 역할이 기억나는가? 거울 신경은 타인에게 공감하고
사람들과 깊이 연결되도록 도와준다. 하지만 자신이 대단하다는 생
각이 침범하면 거울 신경이 손상된다. 이것이 내가 교만의 소용돌
이에 빠져 있을 때 동료의 시각을 진정으로 이해하는 것이 거의 불
가능했던 이유이다.[3]

사도 바울은 비난이나 경멸을 당해도 평강을 누린다는 개념을 삶으로 구현했다. 감옥에 갇혀 언제 처형을 당할지 모르는 상황에서도 그는 어디서든 기뻐하고 하나님을 찬양하며 복음을 전하겠다는 의지를 표명했다. 그는 "무엇이든지 내게 유익하던 것을 내가 그리스도를 위하여 다 해로" 여겼다고 말했다.

> "그러나 무엇이든지 내게 유익하던 것을 내가 그리스도를 위하여 다 해로 여길뿐더러 또한 모든 것을 해로 여김은 내 주 그리스도 예수를 아는 지식이 가장 고상하기 때문이라 내가 그를 위하여 모든 것을 잃어버리고 배설물로 여김은 그리스도를 얻고 그 안에서 발견되려 함이니 내가 가진 의는 율법에서 난 것이 아니요 오직 그리스도를 믿음으로 말미암은 것이니 곧 믿음으로 하나님께로부터 난 의라 내가 그리스도와 그 부활의 권능과 그 고난에 참여함을 알고자 하여 그의 죽으심을 본받아 어떻게 해서든지 죽은 자 가운데서 부활에 이르려 하노니"(빌 3:7-11).

바울은 실패와 성공에 둘 다 연연하지 않는 놀라운 모습을 보였다. 그는 세상이 치켜세우는 것들이 대수롭지 않았다. 한마디로 그

215

는 자신을 대수롭지 않게 여겼다. 그는 자신에게 일어난 일에 별로 신경을 쓰지 않았다. 단지 그 모든 일을 통해 예수님을 더 깊이 알기를 원했다. 심지어 그는 우리 모두가 중요하게 여기는 것들을 "배설물"이라고 불렀다.

바울의 통찰은 특히 우리 시대에는 실로 충격적이다. 21세기의 가장 파괴적인 생각을 하나만 꼽으라면 무슨 수를 써서라도 위대해지고 싶다는 생각일 것이다. 우리는 두각을 나타내고 성공하고 더 똑똑해지고 더 강해지고 더 날씬해지고 … 더 위대해지기 위해 많은 노력을 한다.

우리는 위대함을 사랑한다. 우리는 위대해지길 원한다. 큰 성과와 성공을 거두기를 원한다. 물론 그 욕심을 그대로 표현하지 않고 좋게 포장한다. "하나님의 나라를 위해 큰일을 하고 싶어." "하나님의 이름을 만방에 떨치겠어." 하지만 이면의 동기는 하나님 중심이 아닌 자기중심적이다. 자신의 목표를 이루고 자신의 꿈을 실현하고 자신의 영향력을 넓히고 자신의 성공을 위한 발판을 마련하는 것이 우선이다.

짧은 이야기 하나를 소개한다. 내가 아는 한 친구 헤더(Heather)는 글쓰기와 가르치는 일에 재능이 있다. 하지만 어떤 이유에서인지 시도를 하지 않는다. 다들 재능을 알아보고 시도해 보라고 하지만 아직까지 아무 소식이 없다.

최근 전화 통화를 했을 때 헤더는 자신의 경주를 하고 있는 사람들에 대해 좀 비판적인 이야기를 했다. 그 사람들은 우리가 둘 다 사랑하는 사람들이다. 모두가 하나님의 나라를 위해 모험을 하고 사람들을 섬기고 있다.

그렇다면 사랑이 넘치고 경건하며 창의적인 이 친구는 왜 그렇게 비판적일까? (이 친구는 인정하기 싫어하겠지만) 관중석에 앉아 팝콘을 먹으며 선수들에게 이래라 저래라 훈수만 두는 중년의 아저씨와 비슷한 경우가 아닐까? 이 친구는 관중에 앉아 팝콘을 먹을 뿐 경기에 뛰어들지는 않고 있었다.

우리는 사람들을 보는 데 많은 시간을 사용한다. 사람들이 성장하도록 격려하기 위해서가 아니라 자신과 비교하기 위해서 본다. 우리는 위대해지는 것이 하나님의 뜻이라고 생각한다. 우리는 항상 능력을 길러야 한다는 이야기를 한다. 하지만 진정한 기쁨은 하나님을 중심에 모실 때, 내 능력을 기르는 것이 아니라 하나님의 능력 안에서 쉴 때 찾아온다.

머릿속에 자신에 관한 생각만 가득 차 있으면 우리에게 예수님이 얼마나 필요한지를 망각하게 된다. 자신의 성공을 좇는 것이 아니라 자기 십자가를 지고 예수님을 좇아 그분의 고난에 참여해야 한다는 사실을 망각한다. "너희가 부르심을 받은 일에 합당하게 행하여 모든 겸손과 온유로 하고 오래 참음으로 사랑 가운데서 서로 용납하고 평안의 매는 줄로 성령이 하나 되게 하신 것을 힘써"(엡 4:1-3) 지켜야 한다는 사실을 망각한다.

나는 동료에게 잘못된 행동을 했다. 그리고 나니까 기분이 나쁘고 죄책감이 밀려왔다. 하지만 나는 그 행동을 정당화하며 죄책감을 억눌렀다. 또 다시 죄책감이 느껴졌을 때도 사과하는 대신 내가 옳고 그가 잘못한 이유들을 떠올렸다.

다음 표현 중 공통점을 찾아보라.

> 나는 기분이 나빴다.
> 나는 죄책감을 느꼈다.
> 나는 죄책감을 억눌렀다.
> 나는 이유들을 떠올렸다.

바로, '나'이다. 내 안에 교만이 가득 차서 계속해서 나를 정당화하고 변호하고 사과할 책임을 회피했다. 이 상황의 중심에는 나 자신이 있고, 이렇게 나 자신을 우선시하는 교만함은 동료와 나 사이의 넓고 깊은 틈을 만들어 냈다. 때로 겸손이 너무 '힘들게' 느껴진다. 당시 나는 죽어도 잘못했다는 소리를 하기 싫어하는 어린아이처럼 굴었다.

그때 예수님이 생각났다. 죄 한 점 없건만 극악한 모함을 당하신 그리스도가 떠올랐다. 그럼에도 완벽히 겸손의 본을 보이신 그리스도가 떠올랐다.

더 위대해지려는 욕심을 어떻게 버려야 할까? 사도 바울은 예수님을 본보기로 제시한다.

> "너희 안에 이 마음을 품으라 곧 그리스도 예수의 마음이니"(빌 2:5).

그렇다면 예수님의 마음은 어떤 것이었는가?

> "그는 근본 하나님의 본체시나 하나님과 동등됨을 취할 것으로 여기지 아니하시고 오히려 자기를 비워 종의 형체를 가지사 사람들과 같이 되셨고 사람의 모양으로 나타나사 자기를 낮추시고 죽기까지 복종하셨으니 곧 십자가에 죽으심이라"(빌 2:6-8).

예수님은 종의 형체를 가짐으로써 자신을 비우셨다. 예수님은 죽기까지 복종함으로 자신을 낮추셨다. 어떤가? 회개해야겠다는 생각이 들지 않는가? 나도 그렇다.

희생은 비움, 궁극적인 온유함, 철저히 낮은 마음을 필요로 한다. 이는 단순히 인류를 위한 친절한 행위가 아니다. 예수님은 제자들이 따라야 할 본보기로서 이런 행동을 하신 것이다.

> 자기중심적인 태도를 죽이라.
> 이기적인 꿈을 버리라.

나는 겸손을 선택하리라

I Choose Humility

자신을 과시하기 위한 소비를 멈추라.

가장 볼품없는 자, 가장 인기 없는 자, 꼴찌가 되라.

예수님은 우리도 철저히 겸손하게 살도록 자신을 낮추셨다. 우리도 겸손을 선택해야 한다.

겸손의
3가지 유익

위대함에 관한 거짓말에 속아왔다는 사실을 깨닫고서 겸손으로 돌아선다면 그것은 "하나님과 동등됨을 취할 것으로 여기지 아니"하신 분, "자기를 비"우신 분, "종의 형체를 가지"신 분, "자기를 낮추"신 분, "죽기까지 복종하셨으니 곧 십자가에 죽으"신 분, 곧 예수님의 본을 따르는 것이다.

우리가 이런 행동을 할 때 하나님을 마땅한 자리로 모시는 것이다. 자신의 위대함에 관한 거짓말을 버리고 하나님과 우리에 관한 진리를 붙잡아야 한다. 다시 말해, 하나님을 떠나서 우리가 얼마나 딱한 자들인지를 제대로 알아야 한다. 이것을 알면 겸손해지지 않을 수가 없다.

동료에게 퍼붓고 죄를 자각한 다음날, 그를 불러 용서를 구했다. "어제 일로 사과를 하고 싶어요. 내가 심했어요. 미안해요."

앞서 말했듯이 나는 동료가 전혀 개의치 않고 그냥 잊어버렸을지 모른다는 식으로 합리화를 했다. 하지만 전혀 그렇지 않았다. "잠시 마음을 가라앉히고 와서 다시 얘기해도 될까요?" 동료는 조용히 물었다. 깊은 상처를 받은 것이었다. 동료는 24시간 동안 끙끙 앓았다.

성경은 겸손에 유익이 따른다고 분명히 말한다(잠 11:2). 특별히 여기서는 내가 동료와의 불미스러웠던 사건을 통해 경험한 겸손의 3가지 유익을 나누고 싶다.

대단해지려는 욕구

내게는 사람들에게 감추기 위해서 애를 쓰는 흠들이 많다. 그래서 내게 너무 가까이 다가오면 곧바로 그리고 자주 실망하게 될 것이다. 인정하고 싶지 않지만 사실이다. 누구든 우리 팀에 새로 들어오는 직원은 내가 어쩌다 한 조직을 이끌게 된 죄인일 뿐이라는(직원에게 화를 내고 나중에 후회하며 괴로워하는) 사실을 빨리 깨달을수록 좋다.

내 행동을 정당화하는 것은 아니지만 나는 또 실수를 할 것이다. 또 이기적이고 경솔하고 어리석게 행동할 것이다. 또 그 동료를 실망시킬 것이다. 그러고 싶지 않지만 어쩔 수 없이 또 잘못을 할 것이다. 그것을 어떻게 알까?

내가 전혀 대단하지 않다는 것을 깨달았기 때문이다. "바로 그런 깨달음이 우리의 목표가 아닐까?"라고 말해 준다면 정말로 고맙겠다. 다른 사람들이 나를 어떻게 생각하는지에 신경을 쓰지 않는 것과 심지어 나 자신이 나를 어떻게 생각하는지에 신경을 쓰지 않는 것이 중요하다. 이 2가지 단순한 진리를 소중히 여기면 얼마나 큰 자유를 누릴 수 있는지 모른다.

10세인 아들 쿠퍼는 그야말로 자존심의 화신이라고 불러도 손색이 없을 정도다. 아들을 사랑하지만 아닌 것을 맞다라고 말할 수는 없다. 사실, 그 나이에는 다들 그렇지 않은가? 그 나이에는 누구나 자신이 대단하다고 생각하지 않는가? (중학교에 들어가면 조금씩 철이 들기 시작한다)

옷과 신발에 대한 쿠퍼의 사랑은 10대 누나들을 합친 것보다도 더 강하다. 그런 녀석이 하루는 1층으로 내려와 할머니가 사 주신 멋진 나이키 에어 조던을 신고서 내게 가죽 재킷이 '꼭' 필요하다고 이야기했다. 벌써 몇 주째 조르고 있는 상태였다. 어떤 농구 스타가 그려진 가죽 재킷을 봤는지 모르겠지만 그걸 사지 않으면 영원히 불행해질 것처럼 굴었다. "멋져 보이고 싶어요." 녀석의 간절한 눈이 그렇게 말하고 있었다.

당신과 나도 별로 다르지 않지 않은가? 10세나 40세나 우리의 눈은 똑같은 것을 말하고 있다. 마침내 자존심을 접고 그 동료에게 사과하고 나니까 마음이 편해졌다. 나는 우리 모두가 하기 싫어하지만 하나님이 명령하시는 행동을 했다. 나의 자존심을 내려놓았다. 사과하고 상황을 바로잡았다. 나는 그 동료와 그 사건에 관한 문자 메시지를 주고받으며 웃었다.

요즘은 모든 사람이 놀라운 존재라는 메시지가 매일같이 사방에서 들려온다. 모든 사람이 특별하고 뛰어나고 대단한 존재란다. 하지만 그것 아는가? 이런 메시지는 성경 어디에서도 찾아볼 수 없다. 우리의 가치는 오직 그리스도 안에서만 찾을 수 있다. 성경은 세상이 말하는 것과 정반대의 시각을 제시한다. 즉 성경에 따르면 우리가 약한 것이 오히려 좋은 것이다. 그럴 때 우리 안에서 그리스도의 능력이 더 크게 나타난다(고후 12:9). 나는 이것이 정말 '환상적인' 소식이라고 생각한다.

최근 성공에 따르는 문제에 관한 글 하나를 읽은 적이 있다. 그 글에는 세상적인 기준에서 대단한 사람이 된 한 남자의 인용문이 실려 있었다. 그는 "2개의 잣대로 인생을 상상하라"라고 말했다.

> "하나는 세상이 보는 방식이다. 다른 하나는 자신에 대한 느낌이다. 세상에서의 지위가 올라갈수록 자아상이 무너진다. 성공의 기분을 더 느끼기 위해 좋은 음식, 술, 마약, 성을 남용하게 된다. 세상의 꼭대기에 앉은 CEO들이 왜 자존감의 문제를 안고 있을까? 답은 간단하다. 스스로 많다고 생각하는 사람들은 자신에게 과잉보상을 하고 피조 세계의 신처럼 행동하기 때문이다."[4]

자신을 중시하면 언제나 파멸로 이어진다. 우리는 신처럼 살도록 창조되지 않았기 때문이다. 하지만 성공이 답이 아니라는 증거가 명백한데도 불구하고 성공은 여전히 우리 세대에 가장 인기 있는 마약이다.

잘 들으라. 우리가 늙거나 아픈 모습을 보여 주기 싫어하는 데는 이유가 있다. 우리가 잘난척하는 데는 이유가 있다. 우리가 '노화 방지' 제품들을 사는 데는 이유가 있다. 우리가 분에 넘치게 비싼 차를 몰고 다니는 데는 이유가 있다. 우리가 명품을 눈여겨보는 데는 이유가 있다. 오직 그리스도만 대단한 분이심에도 불구하고 우리는 대단해지길 원한다.

자, 우리에게 가장 큰 자유를 선사하지만 우리가 좀처럼 받아들이기 싫어하는 진리를 소개한다. 그것은 예수 그리스도의 희생 덕분에 우리가 그분의 대단함을 받게 되었다는 것이다. 우리는 그분의 의를 받는다. 그분의 용서를 받는다. 그분이 주시는 쉼을 얻는다. 우리 영혼을 위한 은혜를 받는다. 겸손은 우리에게 이 진리를 상기시켜 준다. "긴장을 풀고 쉬라. 너의 유일한 소망은 오직 그리스도이시다."

이 얼마나 좋은 소식인가. 이 소식은 우리 모두가 갈망하는 안도의 한숨을 선사한다.

하나님의 눈으로 보다

앞서 말했듯이 내가 앤드류 머레이를 사랑하는 이유 중 하나는 당신과 내가 가끔 하는 생각을 솔직히 인정하는 용기 때문이다. 우리 모두는 가끔 '그토록 큰 상처를 주고 화를 돋우고 잘못을 저지르는 자들 앞에서 어떻게 겸손해질 수 있는가?'라는 생각을 한다.

이 생각에 관한 머레이의 생각을 계속해서 들어보자. "이 질문은 우리가 마음의 진정한 낮아짐을 얼마나 이해하지 못하고 있는지를 여실히 보여 준다. 진정한 겸손은 하나님의 빛 안에서 우리가 아무것도 아니라는 사실을 깨닫고 자신을 버리고 하나님이 전부가 되시게 할 때 찾아온다."[5]

여기서 자신을 버린다는 것은 자신의 모든 걱정을 멀리 던져버리는 것, 나아가 그것을 하나님 앞에 내려놓는 것을 의미한다. 마태복음 6장 33절은 자신의 걱정을 내려놓으면 하나님이 대신 돌봐 주신다고 약속한다. 자신을 버리면 놀라운 일이 벌어진다. '사람들'을 생각할 여유가 생긴다. 자신의 일에 몰두하지 않을 때 사람들이 눈에 들어온다. 우리가 섬길 수 있는 사람들이 보이기 시작한다. 그들을 새로운 시각으로 보게 된다. 그들의 연약함과 필요가 보이기 시작한다.

그 동료에게 사과해야 한다는 사실을 깨달았을 때 내 공감 능력도 다시 깨어났다. 그에게 찾아가 내 잘못을 인정하고 용서를 구하면서 상황을 그의 입장에서 볼 수 있게 되었다. 내 행동이 얼마나 큰 상처가 되었는지를 진심으로 느낄 수 있었다.

열정적인 침례교 설교자 찰스 스펄전(Charles Spurgeon)은 이런 말을 했다. "우리가 사람들에게서 무엇을 보는지를 보면 우리의 영적 아름다움이 어느 정도인지를 꽤 정확하게 파악할 수 있다."[6] 나를 낮추기로 선택한 뒤에야 비로소 이 동료의 좌절감과 분노와 고통을 볼 수 있었다.

잠언 4장 7절은 이렇게 말한다. "지혜가 제일이니 지혜를 얻으라 네가 얻은 모든 것을 가지고 명철을 얻을지니라." 겸손은 이 2가지를 '빨리' 얻게 해 준다.

예수님처럼 사람을 대하다

겸손을 선택하면 사람들을 돕게 된다. 내가 사과했을 때 동료가 마음을 진정시킬 시간을 달라고 요청했던 것을 기억하는가? 겸손한 마음이 없다면 결코 이 요청을 받아들일 수 없다. "내 사과를 받아 줄지 말지 고민할 시간을 달라고?"

동료의 요청에 '아니, 당장 이 자리에서 앙금을 풀고 싶어'라고 생각했던 기억이 난다. 하지만 중요한 것은 내 기분이 아니다. 그리고 그는 그런 요청을 할 충분한 권리가 있었다.

겸손은 "당신의 상황을 헤아릴 뿐 아니라 당신의 필요를 내 필요보다 중요하게 여기기로 선택하겠다"라고 말한다. 그래서 나는 이렇게 말했다. "물론이에요. 얼마든지 시간을 드릴게요. 이야기할 준비가 되면 언제든 연락해요." 가식으로가 아니라 진심으로 그렇게 말했다.

뜻밖의
기쁨

딸 케이트와 함께 넷플릭스 드라마에 관한 이야기를 하고 있었다. "정말 재미있어요. 하지만 싫기도 해요." 케이트는 계속해서 텔레비전을 보는 것이 나쁜 짓은 아니지만 좋은 것도 아니라고 말했다. "성경을 읽거나 기도하는 것처럼 생명을 주는 활동을 하지 않고 밤새 텔레비전만 보면 생각이 전혀 다른 방향으로 발전해요." 딸은 씩 웃으면서 계속해서 말했다. "점점 바보가 되는 것 같아요."

"뭐, 가끔 머리를 식힐 때도 있어야지." 나는 그렇게 말하면서도 중요한 교훈 하나를 얻었다. 나는 성경을 믿고 그 안에 기록된 말씀대로 살고 싶다. 매일 예수님을 더욱 닮아가고 싶다. 하지만 이 모든 의도가 아무리 고상하다 해도 내 힘으로는 겸손을 끌어낼 수 없다. 2부에서 조용한 가운데 하나님을 찾는 것을 먼저 다룬 데는 그만한 이유가 있다. 하나님이 우리에게 그분을 나누어 주시지 않으면 우리는 결코 그분처럼 될 수 없다. 나 혼자서도 충분하다는 거짓말을 떨쳐버리고 하나님과 함께하고 그분만을 의지하기로 선택할 때 겸손이 찾아온다. 내가 좋아하는 한 성경 사전은 겸손(humility)을 이렇게 정의한다. "힘과 명성을 잃는, 낮아지거나 고통스러운 상태."

계속해서 이 사전은 이렇게 부연설명을 한다. "성경적인 신앙을 떠나서는 대개 이런 의미에서의 겸손을 미덕으로 여기지 않는다. 하지만 유대 기독교 전통의 배경 속에서는 겸손을 인간이 창조주에 대하여 마땅히 가져야 할 자세로 여긴다. 겸손은 삶이 선물이라는 자연스러운 인식과 거기서 우러나오는 감사이다. 이런 겸손은 하나님에 대한 절대적인 의지를 기꺼이 진심으로 받아들이는 모습으로 나타난다."[7]

성경적인 신앙이 없다면 겸손은 '정신 이상'으로 볼 수밖에 없다. 정신이 이상하지 않고서야 어떻게 힘이나 명성이 더 '적어지기를' 바랄 수 있는가. 하지만 성경적인 신앙 안에서 겸손은 미덕이며 하나님께 전적으로 의지하는 것이다.

하나님이 나를 창조하시고 사랑하신다면 어찌 내가 그분의 영광을 조금이라도 빼앗아가려고 할 수 있겠는가. 나는 한낱 인간일 뿐이니 그분의 영광을 빼앗을 수 없다. 그런데도 왜 나는 그런 시도를 하는 것일까?

사실 우리의 마음은 힘을 추구하고 있지 않다. 우리의 마음은 기쁨을 추구하고 있다. 단지 우리가 힘을 얻으면 기쁨이 따라올 것이라는 거짓말에 속았을 뿐이다. 기쁨은 오히려 우리의 힘을 내려놓고 하나님의 능력 안에서 쉴 때 찾아온다. 기쁨은 강조해야 할 것을 강조할 때 찾아온다. 무엇을 강조해야 하는가? 우리의 대단함이 아닌 하나님의 대단하심을 강조해야 한다(요 3:30-31). 이렇게 할 때 아름다운 결과가 나타난다. 당신과 나처럼 쿠퍼도 이 진리를 배워 가고 있다. 녀석의 몸집은 하루가 다르게 커지고 있기 때문에 새 신발이 필요하다. 그래서 오늘밤 녀석의 신발을 사기 위해 스포츠용품 전문점으로 온 가족이 총출동했다. 그런데 뜻밖에도 녀석은 훨씬 싸고 소박한 신발을 고르고서 더없이 좋아했다.

오늘밤 남편이 아이에게 이불을 덮어 주는데 아이가 갑자기 씩 웃으며 말했다. "아빠, 친구들이 신는 멋진 신발은 필요 없어요. 내가 그런 신발을 신고서 친구들에게 '나를 봐'라고 하면 예수님이 싫어하실 것 같아요. 이 신발도 멋져요. 비싼 것은 아니지만 충분히 멋져요."

정말 배워야 할 태도이지 않은가. 우리의 삶이 세상을 향해 "나를 봐"가 아니라 "예수님을 봐!"라고 선포하게 해야 한다. 나와 당신을 위한 기도는 우리가 철저히 하나님만을 의지하게 되는 것이다. 하나님을 찾고 하나님에게서 배우고 하나님께 다가가야 한다. 그리고 이 세상에서 예수님처럼 살아가야 한다. 예수님처럼 겸손해져서 사람들의 필요를 우리의 필요보다 우선시해야 한다. 날마다 낮아짐으로 성장해야 한다.

내가 존경하는 앤드류 머레이는 이렇게 말했다. "겸손으로 가는 길에서 사실상 모든 크리스천은 이 2단계를 지난다." 무슨 말인지 계속해서 들어보자.

"처음에는 자신을 낮아지게 만들 수 있는 모든 것을 두려워하고 피한다. 물론 겸손하게 해 달라고 때로는 진심으로 기도한다. 하지만 속으로는 남몰래 또 다른 기도를 드린다. 말로 표현하지는 않더라도 자신을 낮아지게 만들 것들을 마주하지 않기를 바란다. 그것이 아직 자신의 기쁨이자 유일한 즐거움이 되지 못한 탓이다. 아직 "기꺼이 약함을 자랑하고 무엇이든 나를 낮아지게 만드는 것을 기뻐한다"라고 말하지 못한다.

그렇다면 우리가 어떻게 이런 단계에 이르기를 소망할 수 있는가? 어떻게 해야 그 수준에 도달할 수 있는가? 바울을 그 수준에 이르게 만든 것은 바로 예수 그리스도에 관한 새로운 계시였다."[8]

"무엇이든 나를 낮아지게 만드는 것을 기뻐한다." 과연 누가 이런 태도로 자신의 상황과 주변 사람들을 바라보면서 진정한 자유를 누릴 수 있을까? "아버지, 오늘 겸손이 주는 기쁨을 선택하게 도와주십시오." 이 기도로 시작하면 된다.

"

이건 공평하지 않아. 계속 이런 기분일 거야.
겨우 생존만 하고 있어.
내가 겪은 아픔은 평생 치유되지 않을 거야.
다시는 행복하지 못할 거야. 너무 억울해.
왜 내가 이렇게 살아야 해?
떨쳐 내고 싶지만 그렇게 되지가 않아.
내가 겪은 일을 알면 깜짝 놀랄 거야.
왜 나는 이렇게 운이 없지?

13

정당화, 자존심, 판단의 늪에 갇힌다면(감사)

정당화 이전에
다른 이의 입장을
돌아보라

나의 좋은 친구 브룩(Brooke)은 깊은 환멸과 좌절감에 빠져 있었다. 대학을 졸업하고 겨우 상점에서 일하고 있는 자신이 너무 한심하게 느껴졌다. 일주일에 6일, 집에서 상점까지 20분간 차를 몰고 와서, 하루 종일 한숨을 푹푹 쉬며 마지못해 일을 했다. 자신이 꿈꾸던 삶과 너무 다른 현실에 자괴감이 밀려왔다. 그러던 어느 날 자신의 진짜 문제에 눈을 뜨게 해 준 말씀을 듣게 되었다.

"차에서 오디오 성경을 듣기 시작했던 날이 기억나요." 브룩은 그렇게 말했다. 오디오 성경을 틀기 시작한 지 겨우 2분도 되지 않았을 때 한 성경 구절이 브룩의 귀를 놀라게 만들었다. 그 구절은 빌립보서 1장이었다.

"내가 너희를 생각할 때마다 나의 하나님께 감사하며 간구할 때마다 너희 무리를 위하여 기쁨으로 항상 간구함은 너희가 첫날부터 이제까지 복음을 위한 일에 참여하고 있기 때문이라 너희 안에서 착한 일을 시작하신 이가 그리스도 예수의 날까지 이루실 줄을 우리는 확신하노라"(빌 1:3-6).

바울은 감사했다. 그냥 감사 정도가 아니라 가슴 깊이 감사했다. 바울은 믿음의 형제자매들에 대해 감사했다. 동료들의 부지런함에도 감사했다. 가택 연금 중인 상황에 대해서도 감사했다. 바울은 실로 마음을 철저히 다스린 인물이었다.

일터로 가는 차 안에서 빌립보서 말씀을 듣던 브룩은 바울과 자신의 삶이 너무도 다르다는 사실에 큰 충격을 받았다. 바울은 복음을 전하다가 감옥에 갇혔지만 억울하다고 땅을 치기는커녕 오히려 그 상황 속에서도 감사할 거리를 찾아냈다. 그 상황에서도 그는 사람들의 영혼을 위해 기도와 사역을 멈추지 않았다. 이 구절을 들으면서 브룩은 자신을 돌아보았다. 나는 지금까지 무엇을 해 왔는가? 왜 나는 불평만 해 왔는가?

그날 브룩의 생각이 완전히 바뀌었다. "제니, 내 삶을 새로운 눈으로 보게 되었어요." 브룩은 자신의 일을 바라보는 시각을 스스로 선택할 수 있다는 사실을 깨달았다. 그날 아침 그는 상점에 들어가 동료들을 새로운 눈으로 보았다. 그들을 섬길 일을 늘 찾으며 그들과 진정한 관계를 맺기로 결심했다. 손님들을 그저 이름 없는 타인들이 아니라 나름의 사연과 고충을 안고 살아가는 진짜 사람들로 보자 그들을 대하는 태도가 180도로 달라졌다. 차를 타고 집과 직장을 오가는 시간은 기도 시간으로 정했다. 그렇게 새로운 삶의 방식을 채택한 지 한 달이 지나자 자기 일에 대한 혐오가 완전히 사라졌다. 이제는 일할 때마다 한숨이 아닌 콧노래가 나왔다.

예전에는 배운 능력을 더 번듯한 직장에서 제대로 사용하지 못하고 작은 상점에서 일하고 있는 자신에 대해 불평했지만, 이제는 현재의 변변치 않은 직업을 하나님 나라를 넓히기 위한 기회로 보기 시작했다. 실제로 하나님은 사람들을 잘 사랑해 줄 수 있는 자리에 브룩을 보내신 것이었다. 이제 브룩은 하나님의 계획에 동참하게 된 것을 더없이 영광스럽게 생각하고 있다. 이제 브룩은 불평할 거리 대신 감사할 거리를 열심히 찾고 있다. 단순히 일터를 오가는 길이 즐거워지고 일터에서 더 깊은 만족감을 누린 것보다 더 큰 유익을 안겨 주었다. 즉 감사를 선택하니 뇌의 구조 자체가 바뀌었다. 하나님은 그의 몸과 마음을 완전히 새롭게 고쳐 주셨다.

감사 습관의
7가지 유익

자신이 희생자라는 생각은 우리 마음의 또 다른 적이다. 이 적은 우주의 하나님이 아닌 다른 것을 바라보며 우리가 전적으로 환경의 지배를 받는 무력한 존재일 뿐이라는 거짓말에 넘어가게 만든다.

그러나 이는 틀렸다. 반복해서 말하지만 우리에게는 선택권이 있다. 우리는 어떤 상황에서도 하나님의 오른손이 우리를 단단히 붙잡아 준다는 사실을 믿기로 선택할 수 있다(사 41:10). 그때 우리의 마음이 감사로 바뀐다.

오래전 〈사이콜로지 투데이〉(Psychology Today)지에서 "감사를 많이 하는 사람일수록 시상하부의 활동 수준이 전반적으로 높았다"라는 미국 국립보건원(National Institutes of Health)의 연구 결과를 소개한 적이 있다. 혹시 당신도 나처럼 고등학교 생물학 시간에 침을 흘리며 졸았을지 모르니 알려 주겠다. 시상하부는 먹고 마시고 자는 것을 비롯한 몸의 기능을 관장하는 뇌의 부분이다.[1]

"감사해요"라는 간단한 말이 우리의 내적 세상을 완전히 바꿔 놓을 수 있다. 감사를 표현하면 행복감을 일으키는 신경전달물질인 도파민의 분비가 촉진된다. 요컨대 감사를 표현할 때마다 뇌는 "기분이 너무 좋아! 한 번 더!"라고 외친다. 이런 식으로 감사는 계속해서 더 많은 감사로 이어진다. "한번 감사할 거리를 보면 뇌는 더 많은 감사할 거리를 찾기 시작한다."[2]

학자들은 감사 습관의 7가지 유익을 밝혔다. 첫째, "감사는 더 많은 관계로 가는 문을 연다." 때로는 잘 모르는 사람에게 "고마워"라는 말만 해도 그와 친구가 될 수 있다.

둘째, "감사는 육체적인 건강을 개선해 준다." 감사하는 사람은 그렇지 않은 사람보다 운동을 더 많이 하고 건강에 관해서 더 좋은 결정을 내린다. 또한 같은 상황에서도 다른 사람들보다 통증을 더 적게 경험한다.

셋째, "감사는 정신적인 건강을 개선해 준다." 감사는 질투, 좌절감, 후회 같은 해로운 감정을 줄여 준다.

넷째, "감사는 공감 능력을 높여 주고 공격성을 줄여 준다." 한 연구에 따르면 "감사할 줄 아는 사람은 친사회적 행동을 할 가능성이 높다."

다섯째, "감사하는 사람은 잠을 잘 잔다." 이것만으로도 더 많이 감사해야 할 이유가 충분하다.

여섯째, "감사는 자존감을 높여 준다." 자존감이 높아지면 다른 사람의 성공을 시기하지 않고 진심으로 축하해 줄 수 있다.

일곱째, "감사는 정신력을 강화해 준다." 그래서 감사하는 사람은 힘든 시기에도 높은 회복력으로 스트레스와 충격을 극복해 낼 수 있다.[3]

여기서 한 가지 의문이 생긴다. 감사가 우리에게 이렇게 좋다면, 왜 삶이 뜻대로 풀리지 않을 때 감사하기가 그토록 어려운 걸까?

변화될 준비가
되었는가

왜 어떤 사람들은 우리보다 훨씬 더 힘든 상황에 처해 있는데도 더 행복해 보이는지 생각해 본 적이 있는가? 혹시 가난한 나라에 선교하기 위해 갔다가 그곳 사람들의 미소와 기쁨과 이타적인 모습을 보고 오히려 마음은 당신이 더 가난하다는 생각을 하며 돌아온 적은 없는가? 나는 그런 경험이 있다.

기쁨에 관한 가장 위대한 강해서인 빌립보서를 쓸 때 바울은 가택 연금 상태에 있었다. 그는 우리처럼 안전하고 편안한 곳에서 사는 사람들은 잘 깨닫지 못하는 것들을 이해했다. 즉 그는 우리가 새로운 피조물이 되었기 때문에 우리 안에 성령의 능력과 선택할 힘이 있다는 점을 이해했다.

마음을 변화시키는 것이 '실제로' 가능하다. 부정적인 생각의 소용돌이 안에 갇혀 있을 필요가 없다. 우리의 진정한 행복은 지금 눈에 보이는 것보다 훨씬 더 크고 좋은 것에서 비롯하기 때문이다.

여기서 질문을 던지지 않을 수 없다. 당신은 행복해지기 위해 무엇을 찾는가? 아편이든 사람들의 칭찬이든 무엇이 당신 안에 행복감이나 실망감이라는 강한 감정을 일으키는가? 필시 당신은 이것을 위해 살고 있을 것이다. 그리고 바로 이것이 당신의 삶을 망치고 있는 주범일 것이다.

바울이 가택 연금이라는 상황과 그 상황을 스스로 해결할 수 없는 안타까운 현실만을 바라보았다면 낙담할 수밖에 없었을 것이다. 하지만 그의 생각은 인생의 상황에 좌지우지되지 않았다. 그의 마음에는 예수님을 향한 사랑과 하나님에 대한 믿음만으로 가득했고, 그 믿음은 그를 목적으로 이끌었다. 그런데 그리스도를 죽음에서 일으키신 능력이 우리를 통해서도 나타날 수 있다. 지독히 암울한 상황에서도 바울에게 믿을 힘을 주신 성령이 우리에게도 힘을 주실 수 있다. 지금 바로!

우리는 무력하게 만드는 생각에서 벗어나 유익하고 하나님께 영광이 되는 지혜로운 생각을 할 수 있다. 특히 우리는 감사하기로 선택할 수 있다. 지난 상처나 현재의 암담한 상황에 상관없이 항상 진심으로 감사하는 사람이 될 수 있다.

거짓말 : 나는 내 상황의 희생자이다.

진리 : 인생의 상황들은 다 하나님의 선하심을 경험할 기회다.

항상 기뻐하라 쉬지 말고 기도하라 범사에 감사하라 이것이 그리스도 예수 안에서 너희를 향하신 하나님의 뜻이니라(살전 5:16-18).

인생의 상황에 상관없이 감사하기로 선택하리라.

우리에게는 선택권이 있다

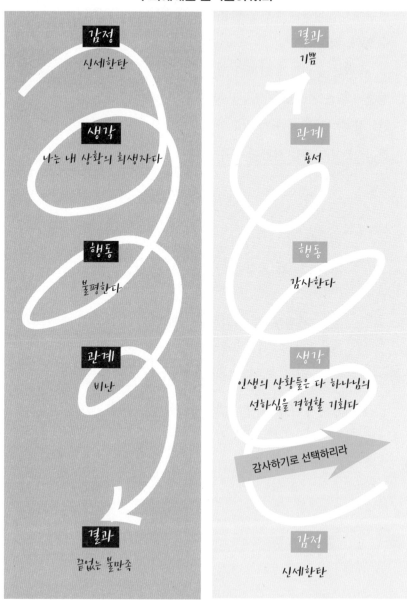

감정
신세한탄

생각
나는 내 상황의 희생자다

행동
불평한다

관계
비난

결과
끝없는 불만족

결과
기쁨

관계
용서

행동
감사한다

생각
인생의 상황들은 다 하나님의
선하심을 경험할 기회다

감사하기로 선택하리라

감정
신세한탄

〈그림8〉

지독한 고통을 겪는 와중에도 망설임 없이 빌립보 교인들에게 감사를 표현한 것으로 보아 바울은 이런 선택을 한 것이 분명하다. 사도행전 9장 15-16절을 보면 하나님은 아나니아에게 말씀하셨다. "가라 이 사람은 내 이름을 이방인과 임금들과 이스라엘 자손들에게 전하기 위하여 택한 나의 그릇이라 그가 내 이름을 위하여 얼마나 고난을 받아야 할 것을 내가 그에게 보이리라."

바울은 누구보다 고난을 많이 겪은 사람이었다. 사도행전을 보면 바울은 다음과 같은 고난을 겪었다.

- 다메섹에서 목숨을 잃을 위기에 처했다
- 예루살렘에서 목숨을 잃을 위기에 처했다
- 안디옥에서 쫓겨났다
- 이고니온에서 돌을 맞을 뻔했다
- 루스드라에서 돌을 맞아 죽도록 내버려둠을 당했다
- 반대와 논란을 경험했다
- 친구이자 복음 전도의 동역자인 바나바와 갈라섰다
- 몽둥이에 맞고 감옥에 갇혔다
- 빌립보에서 쫓겨났다
- 데살로니가에서 목숨을 잃을 위기에 처했다
- 베뢰아에서 추방당했다
- 아덴에서 조롱을 받았다

- 예루살렘에서 폭도에게 붙잡혔다

- 로마에서 체포되어 구금되었다

- 매질과 채찍질을 당했다

- 가이사랴에서 2년 이상을 감옥에 갇혀 있었다

- 멜리데 섬에서 난파를 당했다

- 독사에 물렸다

- 로마에서 감옥에 갇혔다

성경의 다른 곳을 보면 바울은 대치, 친구들의 배신, 더 많은 모함, 채찍질, 매질, 돌에 맞기, 투옥, 강도질, 다시 죽도록 내버려둠을 당했다(고후 11:24-26; 갈 2:11-14; 딤후 1:15, 4:10). 내가 살면서 이런 일 중 하나만 겪었다 해도 그 일이 평생의 상처로 남아 틈만 나면 괴로워할 것이다. 만나는 사람마다 이런 끔찍한 일을 겪었다며 하소연할 것이다. 어디를 가나 희생자처럼 울상을 하고 다닐 것이다. 하지만 바울은 그렇게 하기로 선택하지 않았다.

성경 시대에도 그러했겠지만 '희생자 시대'라는 별명이 딱 어울리는 이 시대에 바울과 같은 사람은 눈을 씻고 찾아도 찾아볼 수 없다. 지금 우리는 무엇 때문에 불평하고 있는가? 세상 모든 일에 대해 불평하고 있는 듯하다. 정말이지 훨씬 더 좋은 길이 있다. 그 길은 바로 감사의 길이다.

하나님이 성경에서 감사를 그토록 강조하신 이유는 우리가 감사의 토양에 심겨질 때만 배우고 성장하고 번영한다는 것을 잘 아시기 때문이다. "항상 기뻐하라 쉬지 말고 기도하라 범사에 감사하라 이것이 그리스도 예수 안에서 너희를 향하신 하나님의 뜻이니라"(살전 5:16-18).

우리는 상황의
노예가 아니다

막내딸은 난독증을 앓고 있다. 나는 매일 캐롤라인이 공부와 숙제와 독서와 씨름하는 모습을 안타깝게 지켜봐야 한다. 볼 때마다 부모로서 가슴이 찢어진다. 지난달 나는 난독증 시뮬레이션을 통해 우리 딸이 매일 하는 경험을 2시간 동안 직접 체험해 봤다. 정말이지 진이 빠지는 경험이었다.

난독증은 글을 읽으려고 하면 철자가 빠지거나 순서가 틀리게 보여서 무슨 글자인지 파악하기가 거의 불가능해지는 증상이다. 그래서 5만 개의 글자로 이루어진 책에서 한 글자를 해독하기가 하늘에 별 따기이다. 물론 그렇게 한 글자를 해독해 봐야 49,999개의 글자가 남아 있다. 그 시뮬레이션을 마치고 귀가하자마자 캐롤라인에게 달려가 와락 안아 주었다. "너는 정말 대단한 아이야."

캐롤라인은 괴로워하고 씨름하고 울기는 하지만 한 번도 포기

나는 감사를 선택하리라

I Choose Gratitude

한 적이 없다. 물론 이것은 보통 힘든 일이 아니다. 하지만 캐롤라인 은 현실에 굴복하여 스스로를 희생자로 규정짓지 않았다.

　주의력 결핍장애 진단을 받은 캐롤라인이 엄마에게 늘 상기시 켜 주는 사실은 이것이다. 바로, 고난을 겪되 고난에 굴복하지 않을 수 있다는 것이다. 고난을 직시하면서도 고난의 노예로 전락하지는 않을 수 있다.

　상황의 노예가 되기를 거부해야 한다는 것이 옳은 것을 위해 싸 우지 말아야 된다는 뜻은 아니다. 성경은 분명 싸우라고 '명령'한다. 옳은 행동을 하고 정의를 외치고 억압당하는 자들을 옹호라고 말한 다(잠 31:9). 하지만 그리스도 안에서 우리는 불안감과 분노의 표출로 서가 아니라 화해를 위해 싸울 수 있다. 잔잔한 확신과 평강과 사랑 의 기초 위에서 싸울 수 있다. 왜일까? 우리의 승리는 확실하기 때 문이다. 우리는 이미 승리했기 때문이다.

　이것이 정말 중요한 차이다. 실제로 지독한 불의가 계속해서 드 러나고 고발되고 있다. 가끔 불의가 뒤엎어지고 바로잡아지기도 한 다. 그럴 때마다 기쁘기 그지없다. 하나님도 마찬가지로 기뻐하신 다. 하나님은 죄가 세상에서 활개를 치지 못하도록 빛 가운데로 드 러내라고 명령하신다. 인종차별과 싸우고, 교회 안팎의 성폭력과 육체적 폭력에 맞서 목소리를 높이고, 아이와 여성, 소수자, 이민자, 태아를 옹호해야 한다. 이 모든 것은 예수님께 더없이 중요한 명분 이다. 따라서 우리에게도 더없이 중요히 여겨야 한다.

세상에는 정말 악질적인 압제자들이 존재한다. 심지어 교회 안에도 존재한다. 이기적인 욕심을 위해 사람들을 희생시키는 늑대들이 있다. 이런 현실이 싫지만 현실을 부인할 수는 없다. 하지만 이런 상황이 아무리 답답하고 암담하게 느껴져도 우리가 할 수 있는 일이 존재한다. 일단 이런 사건에 대한 언어를 바꿀 수 있다. 악행에 희생된 사람들이 희생자 정신에서 해방되도록 도울 수 있다.

할리우드에서도 의식 있는 사람들은 폭력에 당한 사람들을 "희생자"보다 "생존자"로 부르고 있다. 나는 이것이 매우 중요한 변화라고 생각한다. 악행을 통해 자신을 정의하면 무력해지고 약해질 뿐이다. 그것은 우리의 힘과 기쁨을 가해자들에게 넘겨 주는 짓이다. 그래서는 계속해서 속박의 삶을 살 수밖에 없다.

물론 고통 속에 눌러앉고 싶은 유혹이 든다. 자신이 겪은 끔찍한 일로 자신을 정의하기 쉽다. 하지만 내가 가족과 친구들에게 배운 것은 훨씬 더 좋은 길이 있다는 것이다.

지난밤 내 친구 타라(Tara)가 전교인 앞에 서서 지금까지 들었던 수많은 인종차별적 발언에 관해 이야기했다. 말로만 상처를 입은 것이 아니라 육체적인 공격도 여러 번 당했다고 했다. 이런 안타까운 사건 중 일부는 이전에 다니던 교회에서 벌어졌다. 그로 인해 타라는 좀처럼 다시 교회의 문턱을 넘지 못했다. "하지만 선택을 했어요. 다시 믿기로 말이에요." 타라는 용감하게 말했다.

계속해서 타라는 우리 교회에 등록하고 인종이 다른 여성들이 화해하고 진정으로 하나가 될 방법을 모색하기 위한 일련의 토론회를 시작한 이야기를 했다. 타라가 우리 교인들에게 미친 영향을 생각하면 그저 놀라울 따름이다. '이렇게 지독한 짓을 당한 사람이 어떻게 가해자들과의 사이에 다리를 놓으려고 할 수 있는가? 어떻게 그들에게 다시 다가갈 수 있는가?'

분명 타라는 내 머릿속의 질문에 한마디로 답할 것이다. "예수님!" 예수님의 길은 모든 것을 바꿔 놓는다. 예수님 안에서 우리는 고통과 좌절과 고난을 직시하면서도 평강과 기쁨을 포기하지 않을 수 있다. 예수님 안에서 우리는 싸움의 대상이 아닌 태도를 바꿀 수 있다. 예수님의 능력으로 우리는 하나님이 우리 삶 속의 모든 안타까운 상황을 결국 구속하신다는 사실을 증명해 보일 수 있다. 예수님에 대한 감사로 인해 우리는 고통 가운데서 하나님의 목적을 볼 수 있다.

타라는 자기 앞에 놓인 싸움이 실로 힘들었음을 인정하면서도 궁극적인 승리를 절대적으로 확신하고 있다. 이 감사와 확신의 자세로 인해 그는 사람들에게 다가가 믿어 주고 사랑해 줄 수 있다.

고통 이면에 흐르는
하나님의 목적

다시 말하지만 우리는 자신의 고통을 직시하면서도 기쁨을 잃지 않을 수 있다. 정의를 위해 싸우면서도 평강을 잃지 않을 수 있다. 우리는 사역 자체가 아닌 그리스도 안에서 정체성에서 찾기 때문에 상황의 변화에 따라 흔들리지 않는다. 무엇보다도 희생자 정신에서 감사로 돌아서면 그것은 하나님이 변함없이 모든 것을 구속하고 계신다는 사실을 믿음으로 고백하는행동이다.

바울은 빌립보 교인들에게 자신에게 일어난 모든 일에 특별한 목적이 있었다고 고백했다. 짐작했을지 모르겠지만 그 목적은 바로 복음 전파이다. 사랑과 은혜에 관한 하나님의 복된 소식을 전하는 것이었다.

> "형제들아, 내가 당한 일이 도리어 복음 전파에 진전이 된 줄을 너희가 알기를 원하노라 이러므로 나의 매임이 그리스도 안에서 모든 시위대 안과 그 밖의 모든 사람에게 나타났으니 형제 중 다수가 나의 매임으로 말미암아 주 안에서 신뢰함으로 겁 없이 하나님의 말씀을 더욱 담대히 전하게 되었느니라. 그러면 무엇이냐 겉치레로 하나 참으로 하나 무슨 방도로 하든지 전파되는 것은 그리스도니 이로써 나는 기뻐하고 또한 기뻐하리라 이것이 너희의 간구와 예수 그리스도의 성령의 도우심으로 나를 구원에 이르게 할 줄 아는 고로 나의 간절한 기대와 소망을 따라 아무 일에든지 부끄러워하지 아니하고 지금도 전과 같이 온전히 담대하여 살든지 죽든지 내 몸에서 그리스도가 존귀하게 되게 하려 하나니

이는 내게 사는 것이 그리스도니 죽는 것도 유익함이라"(빌 1:12-14, 18-21).

바울은 희생자 정신이 아닌 감사를 선택한 덕분에 고통 이면에 흐르는 하나님의 목적에 생각을 집중할 수 있었다. 그는 간수가 그리스도를 알게 되는 일을 비롯해서 자신의 투옥이 가져온 결과에 초점을 맞추었다. 그는 자신이 살든 죽든 평안하든 고난을 당하든 상관없이 항상 역사하고 계신 하나님만 바라보았다. 바울을 통한 복음 전파의 역사가 끝나려면 멀었다. 아니, 이제 겨우 시작일 뿐이었다.

하지만 하나님의 선한 목적을 보려면 당장 눈앞의 상황 너머를 바라보아야 한다. 고난의 한복판에서도 우리에게 선택권이 있다는 사실을 기억해야만 한다. 하나님은 초월적이고 편재하시는 분, 한마디로 인간의 이해를 초월하는 분이지만(사 55:9) 우리에게 가까이 다가와 우리와 함께하기로 선택하신 분이다. 도무지 선이라곤 나올 수 없을 것만 같은 암담한 상황 속에서도 하나님은 변함없이 우리의 곁에서 역사하신다. 우리는 이 사실을 믿고 현재의 자리에서 하나님을 찬양하기로 선택할 수 있다.

앞서 말했듯이 지난 5년간 내 삶을 향한 하나님의 계획 속에는 견디기 힘든 고난들이 포함되어 있었다. 절친했던 친구의 가슴 아픈 이혼과 일련의 심각한 뇌졸중, 내 여자 형제의 평온했던 일상이 갑자기 무너져 내린 일, 첫째 아이가 대학에 입학해서 멀리 떠난 일,

뿌리를 내린 곳을 원치 않게 떠나 이사한 일, 믿음을 잃거나 제정신을 잃을 것만 같았던 18개월 동안의 극심한 환멸 등의 순간에 하나님의 계획은 절대적으로 선하다고 머리로는 이해했다. 하지만 믿음은 흔들리고 있었다. 만약 그때로 돌아간다면 하나님의 계획에 감사하는 편을 선택하리라.

이렇게 희생자 정신이 아닌 감사를 선택한 두 사람을 소개하겠다. 미 해군 대령 디(Dee)는 소개팅을 하게 되었다. 상대 여성의 이름은 로디(Roody)였고, 두 사람은 한눈에 반했다. 그렇게 만난 디와 로디는 48년간 부부이자 최고의 친구로 살아왔다.

나는 디가 루게릭병(ALS)으로 세상을 떠난 뒤 3개월 후 로디를 만났다. 로디는 내가 한 여성 세미나에서 인터뷰를 할 수 있도록 흔쾌히 허락해주었다. 그때 나눈 대화의 감동이 지금도 내 가슴 속에 살아 있다. "어느 날 아침식사 자리에서 남편의 말이 어눌해진 것을 느꼈어요." 로디는 앞에 앉은 300명의 여성들에게 설명했다. "뭔가 잘못된 것을 바로 알아차렸죠."

누구보다 활기차고 자신감 넘치고 표현력이 풍부했던 남편은 12개월 만에 움직임도 말도 없이 휠체어에 묶인 신세로 전락했다. 건장했던 체구는 온데간데없고 몰라보게 수척해졌다. 이제 그의 '말하기'는 두 손가락 사이에 낀 펜으로 힘겹게 키보드를 두드리는 것으로 대체되었다. 스스로 침대에 눕는 것은 불가능한 일이 되었다. 혼자서 옷을 입는 것도 마찬가지였다. "이런 상황이 좋았을까요? 당연히 아니에요." 로디는 그렇게 말했다.

루게릭병(ALS)은 점차적으로 근육을 약화시켜 결국 육체적인 힘이 하나도 남아 있지 않게 만드는 신경계통의 질병이다. 아주 희귀하고 치료가 불가능한 병이다. 진단 후 사망까지의 시간은 겨우 2년에서 5년 정도이다. "남편은 루게릭 진단을 받고서 2년 반을 버티다 떠났어요."

나는 그렇게 큰 비극 앞에서 하나님께 화가 난 적이 있냐고 물었다. 그러자 로디는 내가 있을 수도 없는 일을 입에 담은 것처럼 살짝 격한 반응을 보였다. "하나님께 화를 낸다고요? 저희 부부는 하나님께 한 번도 '왜?'라는 물음을 해 본 적이 없어요." 로디는 하나님이 남편의 질병과 죽음까지도 선하게 사용하실 줄 믿어 의심치 않았다고 말했다. 실제로 하나님은 그렇게 하셨고 지금도 여전히 그렇게 하고 계신다.

디가 루게릭 진단을 받을 당시 그들 부부는 우리 교회에서 10년 가까이 가정 사역을 이끌던 중이었다. 디는 휠체어에 묶이고 자신의 생각을 말로 표현할 수 없게 된 뒤에 가정 사역을 위한 모임과 행사에 나타나 자신의 믿음을 나누었다. 물론 음성 합성 장치에 타자를 치는 방식으로 말했다. 탁, 탁, 탁. "예수님은 이 땅에 오셨습니다." 탁, 탁, 탁. "우리의 죄를 위해 돌아가셨습니다." 탁, 탁, 탁. "다시 살아나셨습니다." 탁, 탁, 탁. "지금은 하나님 아버지의 우편에 앉아 계십니다." 탁, 탁, 탁. "제가 숨이 붙어 있는 한, 이 복된 소식을 전할 겁니다." 탁, 탁, 탁.

　　그날 밤 여성들 앞에서 간증하는 로디를 보며 그 변함없는 믿음과 솔직함에 말할 수 없는 존경심이 우러나왔다. 하나님이 그 부부의 고난을 통해 이루신 선에는 그날 밤 우리가 받은 은혜도 포함되어 있다는 것을 깨달았다. 로디의 간증을 듣고 눈물을 흘리지 않는 여성은 거의 없었다. "남편이 돌아오지 못할 곳으로 떠났다는 사실이 지금도 잘 믿기질 않아요. 하지만 이것 하나만큼은 확실해요. 남편의 죽음은 사역의 끝이 아니라•연장선이에요. 그 연장선이 어디로 어떻게 이어질지 보기 위해 내가 끝까지 따라갈 겁니다."

우리가 요청하지 않은
선물

C. S. 루이스는 이렇게 썼다.

　　"내가 하나님을 반대한 근거는 우주가 지독히 잔인하고 불의해 보였기 때문이었다. 하지만 내가 '정의'와 '불의'의 개념을 어떻게 얻었는가? 직선이 무엇인지 모르면 어떤 선을 굽었다고 말할 수 없다. 내가 이 우주를 도대체 무엇과 비교해서 불의하다고 말한 것인가?"[4]

단순한 우연인지는 모르겠지만 내가 가만히 보아하니 감사가
넘치는 사람들은 하나같이 큰 고난을 겪은 사람들이었다. 그렇다고
해서 감사 순위 차트에서 상위에 오르기 위해 일부러 고난 속으로
뛰어들어야 하다는 뜻은 아니다.

다만 지루하고 흥미 없는 일이나 인생의 어두운 순간에 어떻게
반응해야 할지에 관해서 깊이 생각해 보기를 바란다. 인생의 상황
들을 꼭 마음에 들어 할 필요는 없지만 우리에게 찾아오는 뜻밖의
선물을 기꺼이 받아들이기로 선택할 수는 있다.

남편이 깊은 우울증의 골짜기에 빠져들었을 때 하나님의 계획
이 마음에 들지 않았던 기억이 난다. 내가 무슨 말을 해도 조금의 고
통도 줄여 줄 수 없다는 것을 잘 알았다. 나는 하나님의 계획이 마음
에 들지 않았다.

크리스마스 휴가 마지막 날 밤 캐롤라인이 학교에 가서 난독증
으로 창피를 당하면 어떻게 하냐고 펑펑 울었을 때 하나님의 계획이
마음에 들지 않았다. 절친한 친구이자 동료인 한나(Hannah)가 남자
친구도 없고 멘토도 없고 번듯한 자동차도 없고 정말이지 없는 것이
너무 많다며 깊은 절망감에 빠졌을 때 하나님의 계획이 너무 마음에
들지 않았다.

사랑하는 사람들이 이혼, 배신, 암울한 진단과 절망, 해고, 버거
운 양육의 짐, 늙어가는 부모와 엇나가는 10대 자녀로 고통스러워
할 때 하나님의 계획은 전혀 선하게 느껴지지 않았다. 오히려 인생

이 너무도 잔인하게 느껴졌다.

하지만 힘들었던 시간들 '때문에' 남편과 나는 하나님과 더 친밀해졌다. 케이티가 그 어둡기 짝이 없던 나날에 무릎을 꿇은 덕분에 하나님을 분명히 믿을 수 있게 되지 않았는가. 캐롤라인이 타인의 도움 없이는 살아갈 수 없는 상황으로 인해 도움을 받아들이는 법을 배우지 않았는가. 한나가 부족함을 겪은 덕분에 작년에 찾아온 복들이 그만큼 달콤하게 느껴지지 않았는가. 우리 삶의 가장 험난한 시기를 돌아보면 그때야말로 우리가 가장 큰 성장을 거둔 시기이지 않은가.

바울은 이렇게 말했다.

> "우리가 환난 중에도 즐거워하나니 이는 환난은 인내를, 인내는 연단을, 연단은 소망을 이루는 줄 앎이로다 소망이 우리를 부끄럽게 하지 아니함은 우리에게 주신 성령으로 말미암아 하나님의 사랑이 우리 마음에 부은 바 됨이니"(롬 5:3-5).

인내와 연단, 성령이 주시는 소망, 이것들이 감사를 선택한 사람들에게서 나타나는 특징들이다.

최근 몇몇 친구와 함께 도자기 공방에 놀러갔다. 내가 인스타그램에서 팔로우하는 도예가들의 숫자로 볼 때 내게 당연히 도예 재능이 있을 줄 알았다. 하지만 뜻밖에도 (최소한 내게는) 나는 도예와는 거리가 멀었다. 돈을 받고 팔아도 될 만큼 화려한 도자기를 꿈꾸며 갔건만 결과물은 울퉁불퉁하고 칙칙한 색의 진흙 덩어리였다.

한 도예가 친구에게 이런 실망스러운 결과에 관해 말하면서 실패작이 나올 수도 있는데 왜 도예를 그렇게 사랑하느냐고 물었다. 그랬더니 이런 대답이 돌아왔다. "공을 들여 만든 도자기를 불 속에 넣으면 어떤 결과물이 나올지 모르는 것이야말로 도예의 묘미가 아니겠어요? 도자기가 수만 조각으로 부서져 있을지 평생의 가장 아름다운 작품으로 탄생했을지 궁금해 하며 가마를 열 때의 스릴감이란."

정말로 2가지 결과밖에 없지 않은가. 도예나 우리네 인생이나 다 그렇지 않은가? 인생에서 필연적으로 만날 수밖에 없는 불을 통과할 때 우리는 진정으로 강해져서 나올 것인가? 아니면 산산이 부서질 것인가?

하늘 아버지, 이런 순간에 우리가 지혜롭게 선택하게 도와주십시오. 불 가운데 서서 당신을 찬양하게 해 주십시오.

"

나는 아무 도움이 되지 않는 사람이야.
나는 좀 쉬어도 돼.
내가 아니어도 할 사람이 많아.
나는 언제나 도움을 받을 수 있을까?
나는 어디도 기댈 곳이 없어.

14

피해의식에 갇힌다면(섬김)

남들의 유익을
추구하기로
선택하라

남편은 출장을 갔다. 오늘 아침, 아이들을 등교시키느라 발에 불이 나도록 뛰어다니며 소리를 지르다보니 이젠 내가 우울증에 걸릴 차례라는 생각마저 들었다. 쿠퍼는 가방을 메고 현관으로 향했다. 양말만 신은 채로 차로 걸어갔다. 결국 신발을 신지 않은 채 학교에 갈 작정인가? 이미 늦어서 누나들은 화가났다. 오해하지는 말라. 신발은 여러 켤레나 된다. 단지 오늘 신고 싶은 신발이 없다는 것이었다. 그것이 우리 모두가 많이 늦어진 이유였다. 나는 발을 동동 구르며 속으로 생각했다. '쿠퍼, 이러다 정말 늦겠어. 누나들이 늦으면 다 네 책임이야.' '신을 신발이 많은데 단지 마음에 드는 신발이 없다고 모두가 늦게 만드는 건 이기적인 행동이야.' '아빠도 없는데 나를 이렇게 힘들게 만들어야겠니?'

감정의 소용돌이가 극에 달한 나는 결국 입을 열어 안 좋은 말을 하고야 말았다. "30초 안에 신발을 신고 차에 타지 않으면 이번 크리스마스 선물은 없을 줄 알아."

저런! 내가 방금 무슨 말을 한 거야? 이 말은 몇 가지 이유로 문제가 있었다. 첫째, 쿠퍼가 아무 신발이나 신어 준다고 해도 30초

만에 신발을 신고 짐을 들고 차에 타는 것은 불가능했다.

둘째, 정말 중요한 문제는 사랑하는 아이에게 일종의 협박을 했다는 것이다. 결국 말대로 하지도 않을 거면서 쓸데없는 협박을 했다.

금년에 다른 세 아이에게는 다 선물을 주고 쿠퍼만 빈손으로 놔둔다고? 그것은 있을 수 없는 일이었다. 결국 쿠퍼는 발에 뭔가를 걸치고서 차에 올라탔고, 마침내 우리는 학교로 향했다. 누나들이 내린 뒤 이 불쌍한 녀석은 고집을 부려서 죄송하다고 사과했다. "엄마, 설마 정말로 내 양말만 비어 있게 되는 건 아니죠?"

나는 지금까지 다른 패턴들을 꾸준히 연습한 결과 생각, 나아가 감정과 행동을 통제하기 시작했다. 물론 오늘 아침의 폭발이 증명해주듯 완벽해지려면 멀었다. 그래도 많은 발전이 있었다. 이제 우리는 여기서 한걸음 더 나아가야 한다. 우리는 마음의 혼란에서 해방되기를 간절히 원한다. 그렇다면 무엇을 위해 해방되어야 하는가?

세상이 말하는 자유는 자기가 원하는 것을 마음대로 할 수 있는 것이다. 그런데 아이러니한 것은 우리가 원하는 것을 마음대로 한 때가 지나고 나서 보면 오히려 가장 불만족스러운 때이다. 우리는 자신을 위해서 살도록 설계되지 않았기 때문이다.

의심에 사로잡혔던 그 18개월을 돌아보면 내 특유의 열정은 온데간데없고 현실안주와 무기력만 가득했다. 내 영적 의심과 환멸이 사람들을 섬기려는 열정과 에너지를 다 앗아갔다. 섬길 마음이 없으니 텔레비전과 휴대폰과 음식 앞에 앉아 있는 시간이 많아졌다. 마귀는 음험하기 때문에 그 시기에 이런 해로운 것에 대한 욕구는 서서히 강해지는 동시에 믿음의 일들을 위한 열정은 서서히 약해졌다. 아니, 삶의 의욕 자체가 전반적으로 떨어졌다. 복음과 은혜의 메시지를 들고 열방으로 나가기는커녕 코앞의 마트에 나갈 의욕도 없었다.

그 시기의 내 삶은 진정한 삶이 아니었다. 당신과 나는 하나님의 영원한 이야기에 적극적으로 참여하도록 설계되었다. 현실 안주는 이 설계에 철저히 반한다.

아무렇게나
살고 싶은 마음

현실 안주는 말 그대로 평범한 삶에 안주하고 현실을 체념적으로 받아들이는 것이다. 현실 안주에 빠진 사람은 활발하게 활동하지 않고 멍하니 세월을 보낸다. 괜히 일을 만들어 몸과 마음이 피곤해지기보다 하루 종일 소파에 누워 팝콘을 즐기며 영화나 보거나 휴대폰 게임을 하다가 하품이 나면 늘어지게 자는 편을 선택한다. "오늘 하나님이 나를 어떻게 사용하실까?" "그 사람을 어떻게 예수님께로 인도할까?" 이런 생각은 거의 하지 않는다. 주로 다음과 같은 생각을 한다.

- 내가 무엇을 원하는가?
- 내게 무엇이 필요한가?
- 내가 원하고 필요로 하는 것을 어떻게 얻을까?
- 내가 무엇을 하고 싶은가?
- 무엇을 해야 내가 더 행복해질까?
- 무엇을 해야 내가 더 편안해질까?
- 어떻게 하면 내가 멋있게 보일까?
- 어떻게 하면 내가 똑똑하게 보일까?
- 어떻게 해야 애초에 상처를 받거나 비난을 받을 일을 만들지 않을 수 있을까?

"어떻게 해야 내가 편안하게 살 수 있을까?" 다른 모든 질문의 중심에 바로 이 질문이 있다.

편안을 추구하는 것보다 사탄을 더 기쁘게 하는 것은 별로 없다. 우리가 이 세상의 것들에 푹 빠져 지내면 사탄에게 조금도 위협이 되지 않으니까 말이다.

신학자인 D. A. 카슨(Carson) 명예교수는 다음과 같이 말했다.

"아무렇게나 살며 거룩함에 이르는 사람은 없다. 은혜에 대한 감격에서 우러나온 노력 없이는 경건, 기도, 성경에 대한 순종, 믿음, 하나님에 대한 기쁨에 이를 수 없다. 아무렇게나 사는 사람은 타협으로 흐르고서 그것을 관용이라고 부른다. 아무렇게나 사는 사람은 불순종으로 흐르고서 그것을 자유라고 부른다. 아무렇게나 사는 사람은 미신으로 흐르고서 그것을 믿음이라고 부른다. 절제력을 잃고서 그것을 긴장을 풀고 쉬는 것이라고 부른다. 게을러서 기도를 하지 않고서 율법주의에서 벗어난 것이라고 스스로를 속인다. 경건하지 못한 삶으로 흐르고서 자유로워진 것이라고 스스로를 합리화한다."[1]

사도 바울은 현실 안주라는 부드러운 천 속에 감추어진 사슬에서 우리를 해방시켜 줄 무기를 알려 준다. "위의 것을 생각하고 땅의 것을 생각하지 말라"(골 3:2). 왜 그렇게 해야 할까? 우리는 그리스도 안에서 이 세상의 것들에 대해 죽었다가 믿음 안에서 다시 살아난 사람들이기 때문이다. 우리의 진정한 삶은 그리스도와 하나로 묶여 있다.

내 남편은 항상 '리더십'의 정의가 "타인의 유익을 위해 주도적으로 나서는 것"이라고 말한다. 수동적인 삶을 박차고 나와 주변 사람들의 필요를 돕는 것이 바로 하나님의 것들을 생각하는 것이다. 하나님은 절대 수동적이시지 않다. 우리의 유익과 그분의 영광을 위해 항상 일하고 계신다.

거짓말 : 내가 원하는 것을 할 수 있다.

진리 : 하나님은 이기적인 탐닉에 빠지는 것이 아니라 사람들을
섬기도록 나를 자유롭게 하셨다.

"형제들아 너희가 자유를 위하여 부르심을 입었으나 그러나 그
자유로 육체의 기회를 삼지 말고 오직 사랑으로 서로 종노릇 하
라"(갈 5:13).

나의 편안함보다 타인의 유익을 추구하기로 선택하리라.

우리에게는 선택권이 있다

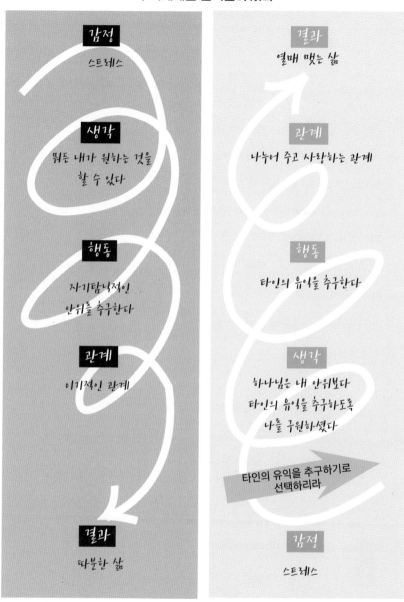

왼쪽:

감정
스트레스

생각
뭐든 내가 원하는 것을
할 수 있다

행동
자기탐닉적인
안위를 추구한다

관계
이기적인 관계

결과
따분한 삶

오른쪽:

결과
열매 맺는 삶

관계
나누어 주고 사랑하는 관계

행동
타인의 유익을 추구한다

생각
하나님은 내 안위보다
타인의 유익을 추구하도록
나를 구원하셨다

타인의 유익을 추구하기로
선택하리라

감정
스트레스

〈그림9〉

예수님은 비유를 사용하여 제자들에게, 나아가 우리에게 이렇게 말씀하신다. "허리에 띠를 띠고 등불을 켜고 서 있으라 너희는 마치 그 주인이 혼인집에서 돌아와 문을 두드리면 곧 열어 주려고 기다리는 사람과 같이 되라"(눅 12:35-36).

행동을 위해 항상 옷을 걸치고 있으라! 등불을 늘 켜놓고 있으라! 돌아올 주인을 정신 차리고 기다리라! 이는 우리가 흔히 하는 기다림과는 다르다. 텔레비전이나 보면서 피자 배달을 기다리는 것과는 다르다.

계속해서 예수님은 이렇게 말씀하신다. 바로 이 말씀이 내가 전하려는 요지다.

> "주인이 와서 깨어 있는 것을 보면 그 종들은 복이 있으리로다 내가 진실로 너희에게 이르노니 주인이 띠를 띠고 그 종들을 자리에 앉히고 나아와 수종들리라"(눅 12:37).

바로 이것이 "주는 것이 받는 것보다 복이 있다"(행 20:35)라는 예수님의 말씀이 참인 이유이다. 섬길 기회를 열심히 찾을 때, 주인의 부름에 언제라도 달려가는 삶을 살 때, 결국 우리는 섬김을 받게 된다. 주인이 '우리의' 모든 필요를 채워 주신다.

우리가 현실 안주가 아닌 섬김을 선택하는 것이 왜 중요한가? 타인의 유익을 위해 적극적으로 나서는 것이 우리의 부정적인 생각을 떨쳐내는 데 어떤 도움이 되는가? 꾸준히 섬기는 사람을 위해 무엇이 예비되어 있는가? 우리의 문제에 신경을 써야 하는가? 아니면 우리의 문제는 모른 척해야 하는가? 우리가 피곤하면? 엄두가 나지 않으면? 선을 행하고 싶은 '마음'이 들지 않으면? 마음이 동할 때까지 억지로 해야 하는가? 과연 그것이 더 진정한 길인가?

그리스도의 제자로서 우리는 자신에 관한 이런 질문에 답해야 한다. 그것은 일에 관한 우리의 생각이 우리를 향한 하나님의 선하고 창조적인 설계와 상반될 수 있기 때문이다.

하나님은 일을 좋아하신다

하나님을 사랑하는 사람들이 편안한 삶이 아닌 섬김을 선택해야 하는 핵심적인 이유 중 하나는 하나님이 일에 매우 큰 가치를 두시기 때문이다. 하나님은 일을 좋아하신다. 하나님이 태초부터 일을 하신 것을 보면 알 수 있다. 냉소주의와 싸움을 다룬 장에서 살폈듯이 분명 하나님은 창조적인 활동을 즐거워하셨다. 하나님은 일을 마치 선물처럼 대하셨다. 하나님은 기발한 창의력을 발휘하여 공작과 기린과 오리너구리를 비롯한 온갖 생물을 창조하셨다. 그리고 그 모든 일을 순수한 기쁨으로 하셨다.

하나님 안에서는 우리의 일도 기쁨이 될 수 있다. 우리는 하나님이 주신 일의 청지기로 임명되었다. 청지기인 우리에게 하나님은 믿고 경외해야 할 사랑 많은 주인이시다. 우리는 다른 누구보다도 하나님의 영광을 위해서 일한다(창 1:28).

우리는 이것을 직관적으로 이해한다. 하루 종일 소파에 드러누워서 텔레비전을 보고 휴대폰을 만지작거리다가도 문득문득 기분이 나쁘고 가슴이 답답해진다. 우리의 영혼이 다른 뭔가를 갈망하며 아우성을 친다. 우리의 영혼이 우리에게 뭐라고 말하는지 아는가? "이런 삶은 너랑 맞지 않아!"라고 외치고 있다.

그렇다. 이런 삶은 우리와 맞지 않는다. 자신만을 바라보는 삶은 허전하고 공허하다. 사실 우리의 뇌는 타인을 섬길 때 활발하도록 설계되었다. 의식적으로 우리가 섬김을 받고 자신의 필요를 채우려고 하지만, 연구에 따르면 우리가 받기보다 줄 때 훨씬 더 잘 기능한다고 한다. 다른 사람을 잘 섬기면 우리의 뇌에서 스트레스 및 위협과 관련된 부분의 활동이 줄어든다.[2] 목적을 갖고 사는 사람들은 잠을 잘 자고 더 오래 산다.[3] 다른 사람을 섬기면 뇌의 보상 시스템을 담당하는 부분이 활성화된다.[4] 이 부분은 좋은 음식이나 친구와의 훈훈한 상호작용, 사랑하는 가족의 포옹처럼 즐거움을 주는 것들을 인식하고 추구하게 해 주는 부분이다.

당신과 나는 소파에서 뒹굴기만 하는 것이 아니라 하나님의 영원한 이야기에서 한 몫을 담당하면서 깊은 목적과 만족감을 경험하도록 설계되었다. 우리는 단순한 안위 이상의 것을 원하며, 여기에는 분명한 이유가 있다. 하나님이 그 이상의 것을 갈구하도록 우리를 창조하셨기 때문이다.

항복과
순종

성경은 하나님을 사랑한다고 말하며 "제 삶 속에서 당신의 뜻이 이루어지기를 원합니다"라고 말하는 사람들에게 하나님이 실제로 무엇을 기대하시는지를 더없이 분명하게 말해 준다.

당신의 삶을 향한 하나님의 뜻을 알고 싶은가? 그렇다면 내가 답을 주겠다.

항복하라.
그리고
순종하라.

나는 마음을 다해
섬기기로 선택하리라

I Choose Intentionality

이것이 전부이다! 하나님의 뜻을 찾는 법에 관해서 수많은 책이 쓰였지만 하나님의 뜻은 이미 성경에 분명히 명시되어 있다.

> "또 무리에게 이르시되 아무든지 나를 따라오려거든 자기를 부인하고 날마다 제 십자가를 지고 나를 따를 것이니라"(눅 9:23).

세상 사람들은 자유를 자신의 뜻대로 행하는 것이라고 생각하는 경향이 있다. 그렇지 않다. 참된 자유는 우리를 지으시고 우리를 알며 우리를 교제로 불러 주신 하나님을 섬기기 위해 '자신의 삶을 내려놓는' 것이다. 바로 이런 온전한 항복의 상태에서 순종할 마음이 솟아난다.

생각해 보라. 철저한 항복 없이 하나님께 순종하는 것은 규칙을 로봇처럼 억지로 따르려는 시도에 불과하다. 반대로, 순종 없는 항복은 행함이 없는 믿음과 동일하다. 야고보서 2장 17절에서는 이런 믿음을 '죽은 믿음'이라고 부른다. 요한복음 10장 10절에서 약속된 풍성한 삶을 누리려면 2가지 요소가 모두 필요하다. 즉 항복과 순종, 순종과 항복이 함께 나타나야 한다.

하나님이 가라고 명하시는 대로 가야 한다. 하나님이 멈추라고 할 때 멈춰서 기다려야 한다. 하나님이 우리의 이름을 속삭이실 때 그쪽으로 몸과 귀를 기울여야 한다. 하나님이 섬기라고 하실 때 섬겨야 한다.

우리는 이 땅에서의 예수님의 사역을 미화하는 경향이 있다. 마치 예수님 인생의 모든 순간이 화려한 스포트라이트 아래에 있었던 것처럼 생각한다. 물론 그 3년 동안 눈에 띄는 순간들이 분명 있었다. 무엇보다도 오병이어의 사건을 꼽을 수 있다.

때로 우리의 섬김은 주목을 받는다. 사람들에게 알려져서 찬사를 듣는다. 예수님이 기적과 치유를 행하셨을 때처럼 말이다. 하지만 우리의 섬김을 아무도 눈치 채지 못할 수도 있다. 아파하는 사람들의 말을 들어주거나 빈궁한 사람들과 한 끼 식사를 나누는 일은 잘 눈에 띄지 않는다. 예수님은 작은 공간에서 작은 무리와 소박한 식사를 나누며 용서와 은혜에 관해 말씀하시거나 괴로워하는 사람들과 가난에 찌든 사람들을 조용히 섬기는 일에 인생의 많은 시간을 사용하셨다. 전혀 화려하지 않은 순간들, 특별히 탄성을 자아낼 만하지 않은 순간들, 저녁 뉴스에 나올 법하지 않은 순간들, 그저 몸을 굽혀 사람들의 필요를 채워 주신 평범한 순간들을 사용하셨다.

우리도 아침 식탁을 치우고, 비판을 당한 사람을 부드러운 말로 위로해 주고, 감사의 메모를 적어 책상 위에 놓고, 사무실에서 모두가 귀찮아하는 일을 묵묵히 담당하고, 불의에 맞서고, 동료들을 섬기고, 경솔하게 한 말에 사과를 하고, 사과의 이메일을 보내고, 흐느끼는 10대 딸을 꼭 안아 주고, 기저귀를 갈아 주고, 손님에게 정성을 다하고, 유치원생 아들에게 신발 끈을 매는 법을 가르쳐 준다. 우리는 이 외에도 수많은 일을 한다. 왜냐하면 하나님이 그렇게 하라고 명령하시기 때문이다.

하나님의 영광을 위해 일터의 궂은일을 도맡아 하고 하나님과 그분의 백성들을 섬기기 위해 식탁을 닦으면 자신을 챙길 시간은 그만큼 줄어든다. 이는 항복의 행위이다. 이는 순종을 선택하는 것이다. 이렇게 자기 자신을 잊을 때 순수한 기쁨이 찾아온다. 우리는 이렇게 자신을 잊는 데 익숙해져야 한다.

그래서 사람들을 섬기는 데 따르는 또 다른 유익을 늘 기억해야 한다. 자신에게서 시선을 떼어 그리스도께 시선을 고정하고 우리 앞에 놓인 경주를 하면 소용돌이가 뒤흔들리고 현실 안주의 패턴이 깨진다. 당신은 어떤 경주를 하고 있는가? 아니, 트랙에 들어와 있기나 한가? 혹시 가만히 서 있는가? 자신의 발만 바라보고 있는가? 지금 당신은 어떤 상황인가?

당신이 하나님 나라를 위해 모험을 하고 과감히 경주를 시작하면 사탄은 무슨 수를 사용해서라도 당신을 낙심시키려고 할 것이다. 사탄은 어떻게든 우리를 예배와 경주에서 멀어지게 만들려고 한다. 사탄의 계략에 넘어가지 말아야 한다.

우리는 목적에 따라 하나님을 사랑하고 온 마음이 그분께로 향해야 한다. 예수님을 바라보면 그분의 사랑과 은혜, 그분이 우리를 위해 해 주신 일로 인해 가슴이 벅차오를 수밖에 없다. 그러면 도저히 가만히 있지 못한다. 나가서 그분이 명령하신 대로 행할 수밖에 없다. 바로 이것이 우리가 살아야 할 삶이다.

히브리서는 이렇게 말한다.

> "모든 무거운 것과 얽매이기 쉬운 죄를 벗어 버리고 인내로써 우
> 리 앞에 당한 경주를 하며 믿음의 주요 또 온전하게 하시는 이인
> 예수를 바라보자"(히 12:1-2).

전에는 이 구절의 세 요소가 순서대로 진행된다고 생각했다. 하나를 하고 나서, 그 다음 것을 하고, 다시 그 다음 것을 하는 것으로 생각했다. 먼저 내 죄 성향(부정적인 생각의 패턴, 해로운 태도, 지독히 이기적인 삶의 방식)을 제거하면, 그 다음에는 경주를 할 수 있게 되고, 그러면 처음 2가지를 해낸 나를 기뻐하시는 예수님을 바라볼 수 있게 된다고 생각했다. 하지만 예수님은 그런 식으로 역사하시지 않는다. 그래서 이 구절에 대한 나의 해석이 틀린 줄 알게 되었다.

혹시 우리가 "아직 죄인"이었을 때 "그리스도께서 우리를 위하여 죽으"셨다는 로마서 5장 8절 말씀을 기억하는가? 다 알다시피 우리를 옭아매는 모든 죄를 벗어던질 때까지 기다리다가는 평생 경주를 시작조차 할 수 없다! 우리는 단번에가 아니라 조금씩 그리스도와 "같은 형상으로 변화하여 영광에서 영광에 이르"게 된다(고후

3:18). 결국 이는 경주를 시작하기 전까지는 실제로 죄를 버릴 수 없다는 뜻이다.

혹시 이 세 과정이 동시에 이루어진다면 어떻겠는가? 그렇다면 우리의 삶 속에서 사명이 그만큼 중요해질 수밖에 없다. 우리는 경주를 하도록 창조되었다. 실제로 경주를 하면서 그리스도를 바라볼 때 (우리에게는 그분이 필요하기 때문) 우리의 죄와 부정적인 생각들이 떨어져 나간다. 예수님은 우리를 죄를 피하도록 만들기 위해 돌아가신 것이 아니다. 그리스도께 시선을 고정하고 계속해서 달려가고 실패하고 용서를 구하고 다시 달려갈 때 우리는 자발적으로 우러나와서 죄를 고백하고 다루게 되어 있다. 그렇게 하지 않으면 우리의 사명을 제대로 이룰 수 없기 때문이다. 우리의 경주가 방해를 받기 때문이다.

이것이 얼마나 근본적인 변화인지 알겠는가? 달리면서 사람들을 섬길 때 죄와 부정적인 생각들은 우리를 옭아매던 힘을 잃는다. 그리고 그럴수록 그리스도께 시선을 고정하기가 점점 더 쉬워진다.

이런 식으로 생각하면 쉽다. 당신이 내게 다이어트를 처방하고서 30일 동안 치즈버거를 먹지 말라고 말한다고 해 보자. 그러면 내가 30일 동안 날마다 무엇을 생각할까? 바로, 치즈버거이다. 사실 나는 치즈버거를 그리 좋아하지 않는다. 싫지는 않지만 매일 치즈버거 생각을 할 정도는 아니다. 하지만 치즈버거를 먹을 수 없게 되면 갑자기 치즈버거 생각이 간절해진다.

인간의 마음이 이와 같다. 거짓말을 하지 '말아야' 한다. 바람을 피우지 '말아야' 한다. 남의 물건을 훔치지 '말아야' 한다. 와인을 한 잔 이상 마시지 '말아야' 한다. 쇼핑백을 남편에게 '숨기지' 말아야 한다. 회사에서 경비를 속이지 '말아야' 한다. 가족들이 다 잠든 뒤에 남은 치즈케이크를 몰래 먹지 '말아야' 한다. 이렇게 종일 뭔가를 하지 '말아야' 한다고 되뇌며 죄를 피하려고 하면 결국 무엇에 집중하게 될까?

후퇴하지 않을 생각을 하기보다는 전진할 생각을 하는 편이 훨씬 낫다. '섬기기로 선택하리라.' 이 하나의 생각은 예수님을 위해 모험을 하게 만들고, 예수님을 위해 모험을 하기 시작하면 자신에게서 눈을 떼어 타인의 필요를 보게 된다. 그렇게 되면 하나님의 영광을 위해 행동을 하게 되고, 그럴수록 하늘 아버지가 공급해 주시는 하늘의 능력에 점점 더 의지하게 된다. 이는 하나님을 더욱 예배하려는 마음을 낳는다. 그렇게 하나님을 예배할수록 더 큰 영적 모험을 하고 싶어진다. 이렇게 모험은 섬김을 낳고 섬김은 하나님에 대한 의지를 낳는 식으로 계속 이어진다. 이런 소용돌이라면 100번 권하고 싶다.

하지만 우리가 달리기로 선택하기 전까지 이런 선순환은 시작되지 않는다. 우리가 섬기기로 선택하기 전까지는 아무것도 시작되지 않는다. 개인적인 안위에서 눈을 떼어 타인의 필요를 채우기 위해 발을 벗고 나서기로 선택하기 전까지는 시작되지 않는다. 섬기기 시작할 때 모든 것이 변한다. 더 좋은 쪽으로. 빠른 속도로 변화한다.

나는 안전지대를 벗어나 하나님이 부르신 모험 속으로 뛰어들

때 그리스도만을 바라보는 마음이 이루어진다고 믿는다. 눈앞에 놓인 경주를 하라. 죄와 문제를 오래 붙잡고 있을 시간이 없다. 최대한 빨리 밖으로 나가 그리스도를 따르고 하나님의 명령에 순종해야 한다.

우리 남편이 다니던 대학 미식축구 감독과 코치들은 항상 입버릇처럼 이렇게 말했다고 한다. "실수는 할 수 있어. 실수는 바로잡으면 돼. 그러니까 실수를 겁내지 말고 젖 먹던 힘까지 다해서 뛰어. 노력 없이 되는 일은 없어."

당신과 나는 현실 안주를 거부하고 세상 무엇보다도 하나님만을 원하는 사람이 되어야 한다. 하나님의 뜻 앞에 철저히 항복한 사람은 실수할까 봐 두려워하지 않는다. 세상 사람들과 다른 삶으로 인해 따돌림을 당할까 봐 두려워하지도 않는다.

고린도전서는 이렇게 말한다. 우리가 팔꿈치인데 교회 안에서 팔꿈치 노릇을 제대로 하지 않으면 몸은 건강할 수 없다. 이 사실에 정신이 번쩍 들어야 한다. 혹시 당신이 그리스도의 몸 전체를 아프게 하고 있지 않은지 돌아보면서 식은땀을 흘려야 마땅하다.

내 사역이 다 헛수고라는 의심이 밀려올 때마다 이 사실을 기억하려고 애를 썼다. 내 문제가 아니었다. 그리고 내 힘으로 뭘 할 수 있는지를 따질 필요가 없었다. 나는 그저 하나님께 순종하면 끝이었다. 실제로 인생들을 변화시키는 것은 하나님이 하실 일이었다.

혹시 이미 이런 삶을 살기 시작한 소수 중 한 명인가? 혹시 자신의 경주를 하고 있는가? 누구도 환호성을 지르지 않지만 두 눈이 오로지 예수님께 고정되어 있고 당신을 필요로 하는 사람들이 눈앞에 있기 때문에 환호성이 들리는지 들리지 않는지 전혀 느끼지도 못하고 있는가?

하지만 아마도 당신은 주저앉아 있을 가능성이 높다. 대부분의 사람들이 스스로 부족하다고 생각하여 모험을 포기하고 현실에 안주해 있다. 그들은 주변 사람들이 싫어한다고 해서 하나님이 시키신 일을 하지 않고 있다. 그렇게 더 큰 이야기에 동참할 기회를 놓치고 있다.

예수님이 기적을 행하실 때만 빼고 그분의 사역이 얼마나 비효과적으로 보였을지 생각해 봤는가? 보통은 죄인들과 식사를 하고 도무지 이해가 가지 않는 이야기나 하고 영향력 높은 종교인들을 꾸짖는 것이 예수님의 일과였다. 그러다가 결국 죽임을 당하셨다. 이제 예수님의 사역은 완벽한 실패처럼 보였다! 하지만 하나님은 특별한 계획이 있으셨고, 예수님은 그분의 궁극적인 목적을 아셨다. 그래서 자신의 사역이 주변 사람들에게 어떻게 보일지 전혀 신경을 쓰시지 않았다. 우리도 그래야만 한다. 우리가 무엇이라고 하나님의 계획을 판단하는가. 우리가 무엇이라고 하나님 나라의 일이 효과적인지 아닌지를 판단하는가.

지금 우리는 초자연적이고 영원한 삶의 변화를 말하고 있는 것이다. 우리가 무엇이라고 우리의 작은 노력이 의미가 있는지를 판단하는가. 그냥 "하나님, 오늘 뭐든 말씀하시는 대로 하겠습니다! 뭐든 명령만 내리십시오!"라고 말하면 어떨까? 우리 모두가 그렇게 하면 우리의 삶과 이 세상에서 얼마나 놀라운 일이 일어날지 감히 상상도 할 수 없을 정도일 것이다.

십자가의 기쁨,
미래와 소망이다

히브리서 12장의 다음 부분은 이렇게 말한다.

> "그는 그 앞에 있는 기쁨을 위하여 십자가를 참으사 부끄러움을 개의치 아니하시더니 하나님 보좌 우편에 앉으셨느니라 너희가 피곤하여 낙심하지 않기 위하여 죄인들이 이같이 자기에게 거역한 일을 참으신 이를 생각하라"(히 12:2-3).

예수님은 인간의 몸으로 오셔서 오로지 그분 앞에 있는 기쁨만을 바라보셨다. 그 기쁨은 바로 우리를 그분 자신과 화해시켜 우리와 영원히 함께 있게 되는 것이었다. 예수님은 십자가가 기쁨으로 가는 길이며 그분의 삶이 인류를 구원하기 위해 존재함을 아셨다. 예수님의 손에는 세상 구원이라는 거대한 사명이 있었다.

자신을 비우는 것이 그 사명의 일부였다. 거룩하고 완벽한 삶을 사는 것도 그 사명의 일부였다. 인간처럼 되는 것도 그 사명의 일부였다. 예수님은 우리에게 하나님을 보여 주고 구원의 길을 열기 위해 이 모든 일을 완벽히 해내셨다. 예수님은 단순히 십자가 위에서만 자신을 비우신 것이 아니다. 그분의 삶 전체가 비우는 삶이었으며, 그분은 그런 삶을 통해 우리에게 "너희도 이렇게 살아야 한다!"라고 말씀하셨다.

예수님을 자기 영혼의 구주로는 삼되 삶의 모델로 삼지는 않는 사람이 너무도 많다. 오로지 예수님만을 바라보며 그분의 마음을 품고서 사는 삶이 구체적으로 어떤 의미인지 아는가?

그것은 종이 되는 것이다. 그것은 남들의 이익을 자신의 이익보다 우선시하는 것이다. 그것은 하나님이 무엇을 하라고 하시든 그대로 행하는 것이다.

바울은 이 점을 분명히 알았다.

"아무 일에든지 다툼이나 허영으로 하지 말고 오직 겸손한 마음으로 각각 자기보다 남을 낫게 여기고 각각 자기 일을 돌볼뿐더러 또한 각각 다른 사람들의 일을 돌보아 나의 기쁨을 충만하게 하라 너희 안에 이 마음을 품으라 곧 그리스도 예수의 마음이니"(빌 2:3-5).

성경은 예수님이 "섬김을 받으려 함이 아니라 도리어 섬기려 하고 자기 목숨을 많은 사람의 대속물로 주려"고 오셨다고 분명히 말한다(막 10:45). 예수님이 자신을 낮춰 연약한 아기의 형태로 이 땅에 오셔서 모함을 당해 로마의 십자가에서 돌아가신 것보다 더 이 진리를 잘 증명해 주는 사건은 없다.

예수님 앞에 놓은 경주에는 자신을 비우고 온 인류의 과거와 현재와 미래의 죄를 홀로 감당하고 무덤에서 사흘을 보내는 일이 포함되어 있었다. 하지만 히브리서 12장에서 분명히 밝히듯 예수님은 이 모든 일을 감당하시면서도 단 한 번도 기쁨에서 시선을 떼지 않으셨다. 2절은 이렇게 말한다.

> "그는 그 앞에 있는 기쁨을 위하여 십자가를 참으사 부끄러움을 개의치 아니하시더니 하나님 보좌 우편에 앉으셨느니라."

예수님은 자신의 경주가 하나의 거대한 사명을 중심으로 이루어지고 있음을 아셨다. 예수님은 자신의 경주가 십자가를 향하고 있음을 아셨다. 하지만 예수님은 이 외에 다른 것도 알고 계셨다. 즉 하나님이 요구하신 사명을 이루는 것이야말로 자신의 삶을 최상으로 사용하는 것임을 아셨다. 그래서 그 경주를 끝까지 완수하기로 선택하셨다.

"그 앞에 있는 기쁨을 위하여." 이 기쁨은 진짜이며, 이 기쁨은 우리에게도 다가오고 있다. 그리스도 안에서 우리에게는 미래와 소망이 있다. 그리스도는 섬김을 통해 우리가 지금 누리는 기쁨과 앞으로 누릴 기쁨을 온 세상 사람들에게 보이라고 우리를 자유롭게 하셨다. 아무리 생각해도 이보다 더 좋은 삶은 떠오르지 않는다.

Get Out of
Your Head
Jennie Allen

Part 3

날뛰는
생각을
주님께로

15

생각의 지배 대신
그리스도의 지배를
선택하라

첫째 아들은 금년에 대학에 입학해서 기숙사에 들어갔다. 자나깨나 자식 걱정인 여느 엄마들처럼 나는 아들이 떠나기 전, 몇 주 동안 내가 전해 줄 수 있는 교훈을 하나라도 더 마음에 심어 주려고 노력했다. 기숙사로 가는 차 안에서 내가 코너에게 마지막으로 전해 준 교훈의 요지는 다음과 같았다.

"애야, 너는 빛이야. 네 안에 계신 하나님을 봤기 때문에 그걸 알아. 엄마는 네가 이기적인 말썽꾸러기 꼬마에서 회개할 줄 아는 청년으로 자라나는 과정을 처음부터 끝까지 다 지켜봤잖아. 너는 이제 하나님의 음성을 듣고 반응할 줄 알지. 사람들을 사랑하고 말이야. 너는 자신의 이익보다 남들의 이익을 먼저 챙길 줄 알아. 이 모든 게 네 안에 하나님이 계시다는 증거란다. 그래서 너는 빛이야. 이건 분명한 사실이란다. 이건 네가 하나님의 자녀로서 받은 정체성이야. 이제 너는 칠흑 같은 어둠 속으로 가고 있어. 너도 때로는 어둠처럼 굴 때가 있겠지. 하지만 그렇다고 네가 어둠인 것은 아니야. 너는 절대 어둠이 될 수 없어. 어둠 속에서는 결코 마음이 편하지 않을 거야."

나는 이 강력한 진리가 아들의 마음속에 깊이 뿌리 내리기를 바랐다. 그리고 이는 나와 당신을 위한 바람이기도 하다. 이 진리를 온 존재로 굳게 부여잡는 자만이 이 치열한 마음 전쟁에서 매순간 승리를 거둘 수 있기 때문이다.

알다시피 우리는 예수님을 영접하는 순간 새로운 피조물이 되었다. 하지만 동시에 그 순간부터 원수는 우리를 무너뜨리기로 작정했다. 따라서 비록 우리가 마음과 삶, 심지어 공격해 오는 어둠을 다스릴 능력과 권세를 받았지만, 자칫 방심하여 죄와 어둠에 사로잡히지 않도록 그것들과 치열하게 싸워야 한다. 그것들과 전면전을 벌여야 한다.

빌립보서 3장에서 바울은 우리에게 이런 비전을 던진다.

"저기 바깥에는 우리와 다른 길을 걷고 다른 목표를 택하면서 여러분을 그 길로 끌어들이려는 자들이 많습니다. … 그들은 그리스도의 십자가를 싫어합니다. … 그들의 머릿속에는 온통 먹는 생각뿐입니다. 그러나 우리에게는 더 나은 삶이 있습니다. 우리는 하늘의 시민입니다! 우리는 구원자이시며 주님이신 예수 그리스도가 오시길 기다립니다. 그리스도께서 오셔서 우리의 썩어질 몸을 그분의 몸과 같은 영광스러운 몸으로 바꾸어 주실 것입니다. 그분은 능하신 솜씨로 만물을 마땅히 있어야 할 자리, 그분 아래와 주위에 머물게 하시는데, 바로 그 능하신 솜씨로 우리를 아름답고 온전하게 해주실 것입니다"(빌 3:18-21 메시지성경).

우리가 누구이며 어떤 능력과 권세를 받았는지 아는 것만큼 우리 마음과 삶을 강하게 변화시키는 것도 없다.

그리스도의 마음으로
생각하라

갈라디아서 4장 4-7절은 이렇게 말한다.

> "때가 차매 하나님이 그 아들을 보내사 여자에게서 나게 하시고 율법 아래에 나게 하신 것은 율법 아래에 있는 자들을 속량하시고 우리로 아들의 명분을 얻게 하려 하심이라 너희가 아들이므로 하나님이 그 아들의 영을 우리 마음 가운데 보내사 아빠 아버지라 부르게 하셨느니라 그러므로 네가 이 후로는 종이 아니요 아들이니 아들이면 하나님으로 말미암아 유업을 받을 자니라."

우리는 죄의 종에서 하나님의 자녀로 신분 이동을 했다. 물론 우리가 천국에 이르기 전까지는 상상을 초월하는 이 진리를 완벽히 이해할 수 없다.

하지만 이해하려고 노력해야 한다. 이 진리는 우리에 관한 모든 것을 바꾸어 놓기 때문이다. 바울은 고린도전서 2장 16절에서 성령 충만한 하나님의 자녀로서 우리가 그리스도의 마음을 가졌다고 말한다. 문제는 우리가 예수님처럼 생각하기 위해 그 마음을 사용하느냐 하는 것이다. 매일 모든 생각을 사로잡아 우리의 마음이 그리스도처럼 생각하도록 훈련시키고 있는가?

2부에서는 우리의 생각을 자멸적이고 자기비하적인 것에서 하나님과 우리 자신에 관한 진리 쪽으로 바꾸기 위한 선택을 다루었다. 예수님을 옳은 선택으로 이끄셨던 그 성령이 이끄시는 선택, 바로 그 선택을 하도록 우리의 마음을 훈련시켜야만 한다.

다시 말해, 예수님은 아버지와 함께하기 위해 군중을 피해 한적한 곳으로 가셨다. 따라서 우리도 쓸데없는 것들의 방해를 받는 대신 하나님과 단 둘이 조용히 있기로 선택할 수 있다.

예수님은 하늘로 오르기 전 열두 명과 공동체를 이루어 살기로 선택하셨다. 따라서 우리도 고립되는 대신 사람들에게 우리 자신을 드러내기로 선택할 수 있다.

예수님은 십자가로 가기 전 극심한 고뇌의 순간 하늘 아버지를 믿으셨다. 따라서 우리도 미래가 어떻게 펼쳐질까 두려워하는 것을 멈추고 하나님을 믿기로 선택할 수 있다.

예수님은 망가진 세상에 대해 냉소하실 이유가 누구보다도 충분했다. 하지만 계속해서 죄인들을 사랑하기로 선택하셨다. 따라서 우리도 하나님과 주변 사람들을 기뻐하기로 선택할 수 있다.

예수님은 죄와 죽음을 이기고 우리가 그분의 사랑을 통해 "넉넉히 이기"게 하셨다(롬 8:37). 따라서 우리는 어떤 상황에서도 감사하기로 선택할 수 있다.

예수님은 우리를 홀로 내버려 두지 않고 우리를 돕는 분으로 성령을 보내 주겠다고 약속하셨다. 따라서 우리는 밖으로 나가 뭐든 행동을 하기를 선택할 수 있다. 예수님이 이런 것을 선택하셨기 때문에 당신과 나도 그렇게 할 수 있다.

나는 고등학교 과학 과목에서 썩 괜찮은 점수를 받았음에도 그 과목을 별로 좋아하지 않았다. 하지만 지금 그 시절로 돌아간다면 그 생물학과 화학, 지구과학 수업을 무척 좋아할 것 같다. 인생을 살수록 세상이 돌아가는 방식을 더 알고 싶어진다. 무엇보다도 하나님과 가까워질수록 정교하기 짝이 없는 우리 몸과 마음의 구조에 점점 더 매료된다.

잠시 나와 함께 과학 공부를 좀 해 보자. 당신이 하는 모든 생각은 중요하다. 그냥 중요한 것이 아니라 '많이' 중요하다. 그냥 내 생각을 말하는 것이 아니다. 정확한 과학적 근거로 하는 말이다. 과학적으로 볼 때 우리가 하는 모든 생각은 우리의 뇌를 변화시킨다. 이제부터 설명해 보겠다.

우리 뇌 안에는 뉴런이라고 부르는 약 860억 개의 신경세포가 존재한다.[1] 몸 전체 37조 개 세포의 약 0.2퍼센트를 차지하는 양이다. 이 860억 개 신경세포 하나하나 속에는 미세소관들이 있다. 미세소관의 지름은 머리카락보다 몇 천 배나 작다. 다시 말해, 눈에 보이지 않을 만큼 작다. 하지만 사람의 눈에 보이지 않는다고 해서 인간 삶에 조금이라도 덜 중요한 것은 아니다. 오히려 이 미세소관들이 우리가 살아가는 방식을 결정한다고 해도 과언이 아니다.

미세소관들은 "세포들의 뇌"로 불려왔으며, 자유 조립이 되는 레고 세트와 비슷하다.[2] 자유 조립은 우리 아들이 레고 세트에 딸려오는 조립 설명서를 내팽개치고 그냥 자기 머릿속에 떠오르는 대로 색깔 블록을 쌓는 것을 보고 내가 사용하는 표현이다.

당신이 레고로 나무 한 그루를 자유 조립한다고 해 보자. 갈색 블록 몇 개를 집어 몸통과 가지를 만들고, 밝은 녹색과 어두운 녹색 블록으로 잎을 붙인다. 그런데 조립 도중에 마음이 바뀌어서 대신 울타리를 조립한다고 해 보자. 계속해서 갈색 블록을 사용하지만 모양은 바뀐다. 나무 몸통 모양이 아니라 길고 얇은 울타리를 만든다. 녹색 블록은 아예 필요가 없어진다. 그런데 도중에 또 마음이 바뀐다. 갑자기 로봇에 필이 꽂힌다. 그래서 갈색 블록을 모두 한쪽으로 치우고 회색 블록 더미에서 몇 개를 집는다.

우리의 뉴런 속에서 이 미세소관들은 끊임없이 조립하고 허물고 변경하고 빼내고 조정하고 멈추고 다시 시작한다. 무엇에 따라 그렇게 할까? 바로 우리의 생각 하나하나에 따라 그렇게 한다.[3]

우리가 하나의 생각을 할 때마다 미세소관들은 그 생각을 지지

하기 위해 열심히 비계(scaffolding)를 쌓는다. 그 비계는 신경세포 전체에 구조를 제공하고 매우 실질적인 의미에서 우리의 뇌가 변경시킨다.

놀랍지 않은가? 잠깐! 아직 놀라기엔 이르다. 미세소관이 세포에 구조를 제공하는 비계를 완성하는 데 얼마나 걸리는지 아는가? 생성에서 완성까지 얼마나 소요될까? 겨우 10분이다. 농담이 아니다. 우리가 한 가지 생각을 해서 그 생각이 우리의 뇌를 생리적으로, 과학적으로, 실질적으로 바꿔 놓는 데 겨우 10분이 걸린다.[4] 하나의 생각이 일부 신경회로를 강화하고 일부 신경회로는 죽게 만든다. 일부 뉴런을 깨우고 일부 뉴런은 잠들게 놔 둔다. 뇌의 일부 지역에 하나의 미세 도시를 건설하고 나머지 지역은 완전한 유령 도시로 남겨 둔다. 이 모든 작용이 하나의 생각으로 이루어진다.

방금 설명한 정보를 바라보는 시각은 2가지가 가능하다. 하나는 두려워하고 걱정하는 것이다. '부정적인 생각을 하나만 해도 겨우 10분 만에 내 뇌 전체가 완전히 망가질 수 있구나.'

물론 맞는 말이다. 하지만 절망의 소용돌이에 빠지기 전에 다른 시각에 관해서 생각해보자. 부정적인 사고의 습관에 빠져 있더라도 단 10분 만에 새로운 출발을 할 수 있다.

이 책의 앞부분에서 작성했던 정신적 지도를 꺼내 보라. 오늘 다시 그린다 해도 똑같이 그리겠는가? 당신이 어떤 생각들을 하고 있는지 파악했는가? 당신에게 선택권이 있다는 사실을 기억하면서 그 생각들을 뒤흔들기 시작했는가? 소용돌이가 지속되는 기간과 횟수가 점점 줄어들었는가?

하나의 긍정적인 선택을 할 때마다, 예를 들어 산만함이 아닌 고요, 고립이 아닌 공동체, 걱정이 아닌 항복을 선택할 때마다, 우리가 가진 그리스도의 마음을 사용하는 훈련을 하는 셈이다. 그렇게 긍정적인 선택을 할수록 그 선택이 자동적으로 나오게 된다. 앞서 말했듯이 처음에는 부정적인 소용돌이를 의식적으로 뒤흔들어야 변화가 겨우 '가능'하다. 하지만 연습을 할수록 변화가 더 쉬워지고 나중에는 긍정적인 생각을 하지 않으려고 해도 하게 된다. 결국 자신이 그리스도의 마음을 선택하기 위해 부정적인 생각을 뒤흔들고 있는지조차 의식하지 못하는 경지에 이른다.

숲에 길을 뚫는 것이 이와 비슷하다. 처음에는 발로 밟아서 평평해진 곳이 길이 된다. 하지만 제대로 된 길을 뚫어야 할 필요성을 느낀 사람이 흙길 위에 자갈을 깔고 다니다가 이내 그 위에 시멘트를 붓는다. 나중에는 일정한 간격을 두고 표지판과 가로등을 설치한다. 결국 완벽한 길이 되어서 다른 길로 가는 것은 생각지도 않게 된다. 특별한 경우가 아니면 항상 그 길로 간다. 꾸준히 성령의 인도하심을 따라가는 길이 이와 같다. 매일같이 하나님의 뜻에 항복하는 길이 이와 같다. 깊은 겸손의 길이 이와 같다. 발걸음 하나마다, 매 순간, 예수님을 전적으로 의지하는 길이 이와 같다.

우리의 마음이 꾸준히 옳은 길을 걷도록 훈련하는 것이 매우 중요하다. 압박이 거세지고 스트레스가 극심해지고 깊은 상처를 받을 때 우리는 평소에 훈련한 대로 생각하고 행동하게 되어 있기 때문이다.

최근 베일러대학교(Baylor University)의 잔디밭을 가득 채운 여학생들을 대상으로 강연을 했다. 내가 선택한 본문은 로마서 8장 1절에 기록된 바울의 선포였다. "그러므로 이제 그리스도 예수 안에 있는 자에게는 결코 정죄함이 없나니." 성경은 그리스도 안에서 우리가 자유하고 정죄함이 없다고 분명히 말하는데 왜 우리는 죄에 억눌린 채로 살아가는가?

그런데 왜 우리는 자유로운 사람처럼 살지 못하는가? 나는 여학생들에게 남모를 죄와 고민, 상처를 솔직히 고백하라고 강권했다. 그러자 놀랍게도 한 명씩 자리를 박차고 일어나기 시작했다. 캠퍼스 중앙에서 여학생들이 앞 다투어 일어나 죄와 문제점을 고백하기 시작했다.

결국 모든 여학생들이 자리에서 일어났다. 실로 아름답고 감동적인 순간이었다. 나는 몇 명씩 둘러서서 그들의 발목을 붙잡고 있는 죄와 문제를 놓고 기도하게 했다. 나는 나대로 하나님께 이어서 할 말을 알려 달라고 요청했다. 그때 한 학생이 내게 다가왔다. "이 문제가 더 이상 저희들을 지배할 수 없다고 말씀해 주세요."

이에 나는 그 친구에게 마이크를 넘겼다. "직접 말하면 어때요?" 그 학생은 장내가 떠나갈 듯 큰 목소리로 선포했다. "거짓은 더 이상 나를 지배할 수 없다! 거짓은 더 이상 우리 대학 캠퍼스를 지배할 수 없다!"

그때부터 무대 한편에 줄이 늘어섰고, 학생들이 차례로 올라와 마이크를 잡고 자신의 죄와 상처가 더 이상 자신을 지배할 수 없다고 큰소리로 선포했다. "자살 충동은 더 이상 나를 지배할 수 없다! 자살 충동은 더 이상 나를 지배할 수 없다!" "포르노는 더 이상 나를 지배할 수 없다! 포르노는 더 이상 나를 지배할 수 없다!"

이런 광경은 평생 처음이었다! 그들은 마지막 2퍼센트를 솔직히 털어놓으면서 자신들을 옭아매는 원수의 마수를 온 힘을 다해 거부했다.

하나님은 어디서나 누구에게나 이런 놀라운 도약을 이루어 주실 수 있다. 이 수치와 두려움은 더 이상 나를 지배할 수 없다. 그것은 더 이상 당신을 지배할 수 없다! 그것은 더 이상 우리 세대를 지배할 수 없다! 그러므로 이 진리를 늘 생각하고 곱씹도록 우리의 마음을 훈련하자.

꾸준한 마음을
훈련하다

최근 한 우주비행사와 이야기를 나눌 기회가 있었다. 그는 가끔

292

씩 우주로 나가 한참을 있다가 돌아온다. 그와 대화하는 내내 벌린 입을 다물 수 없었다. 그의 평범한 일상이 너무도 멋져 보였다.

그의 이름은 셰인 킴브로(Shane Kimbrough)이다. 내 입장에서 그의 가장 부러운 점은 고소공포증이 없다는 것이다. 예전에는 있었지만 지금은 없다고 했다(세상에 고소공포증을 완벽히 극복한 사람이 있을까? 바로 킴브로가 그렇다. 그는 바로 직전 임무를 위해 우주로 나갈 때 너무 긴장이 풀려서 아직 발사대에 있는 우주선 안에서 잠이 들었다고 했다. 동료 우주비행사가 "이봐, 우주선이 폭발하려고 해!"라는 말로 일부러 깜짝 놀라게 해서 깨워야 할 정도였다).

킴브로는 평생 우주 임무를 준비하거나 우주 임무에 참여하거나 우주 임무에서 돌아와 여독을 풀거나 셋 중 하나를 해 왔다고 말했다. 내가 구체적으로 어떤 임무를 수행하느냐고 묻자 대충 다음과 같은 대답이 돌아왔다.

우주로 발사되기 직전에는 로켓에 붙은 캡슐에 갇혀 있게 된다. 곧 로켓은 순식간에 거의 시속 3만 킬로미터에 가까운 속도로 날아간다. 그때부터 8분 30초면 우주선은 우주에 진입한다. 우주에 도착하면 고개를 돌려 찬란한 행성 지구를 바라본다. 우주에서 본 지구는 거대하고 둥근 공과도 같다. 잠시 후 열홀간 하루 12시간 내내 샘플을 모으고 실험을 한다. 참, 산책도 한다. 물론 지구에서의 산책을 상상해서는 곤란하다. 하루를 마치면 전화 부스만한 크기의 방음 수면 장치로 들어가 벨트를 맨다. 벨트를 매지 않으면 밤새 공중을 떠다닐 수 있으니까 말이다. 자기 전에 창문 밖으로 태양과 대륙,

달, 별들을 보다가 스르르 잠에 빠져든다.

우주에서 우주비행사의 몸은 많은 고생을 한다(우주에서 한 달을 지
내면 골질량이 평균 1퍼센트 정도 줄어든다고 한다). 하지만 마음도 그에 못지않
게 시달린다. 생각해 보라. 며칠, 때로는 몇 달 동안 친구와 가족, 지
구에서의 평범한 일상으로부터 떨어져 지내야 한다. 우주비행사라
는 일이 아무리 매력적이라고 해도 며칠, 몇 달 동안 집에 돌아가지
못하는 것은 여간 곤욕이 아니다. 외로움이 사무치고 때로는 우울
해질 때도 있다.

킴브로는 내게 작년에 장기간 우주 임무를 수행할 때는 정말로
마음을 다스려야 했다고 고백했다. "9월에 우주로 나가서 2월 중순
에 지구로 귀환할 예정이었습니다. 그런데 1월 말에 관제센터에서
우울한 소식이 날아왔죠. 여러 가지 이유로 4월까지는 귀환할 수 없
다지 뭡니까?"

이건 저녁식사가 1시간 늦어지는 것과 차원이 다르다. 집에 돌
아가 가족들의 얼굴을 보는 것이 무려 '2개월'이나 늦어졌다. 킴브로
는 집에 돌아갈 채비를 했다. 아내와 아이들도 곧 남편과 아빠를 볼
생각으로 부풀어 올랐다. 온 승무원이 귀환할 시간을 기다렸다. 하
지만 바로 귀환할 수 없다는 청천벽력과도 같은 소식이 날아왔다.
"어떻게 견뎠어요?" 내가 묻자 그의 입에서 평생 잊지 못할 한마디
가 흘러나왔다.

"그동안 받은 훈련으로 이겨 냈습니다." 킴브로는 인류를 섬긴

다는 자기 임무의 가치, 관제센터가 자신들을 위해 그런 결정을 내렸다는 사실, 어떤 경우에도 필요한 것을 공급해주시는 하나님의 신실하심을 믿었다. 그래서 낙심과 좌절을 낳는 생각들을 사로잡고 더 생산적인 것들을 생각할 수 있었다.

"뛰어난 우주비행사가 되기 위해 정말 오랫동안 훈련했습니다. 이것이 최선이라고 믿고 아내에게 전화를 한 다음 임무를 마무리하는 일에만 전념했습니다."

"그동안 받은 훈련으로 이길 수 있었습니다." 이 말이 며칠 내내 내 귓가에서 맴돌았다. 거짓말을 떨쳐내기는 쉽지 않다. 그저 가만히 앉아서 생각이 변하고 마음이 치유되기를 기다려봐야 아무런 소용이 없다. 훈련을 해야 한다. 진리가 마음의 전쟁에서 승리를 거두려면 훈련 없이는 불가능하다.

하루도 빠짐없이 성경 속에 파묻혀야 한다. 하루 이틀 만에 진리를 온전히 붙잡을 수는 없지만 백일이 넘어가면서 진리가 머리와 가슴에 깊이 스며들 것이다.

아침에 일어나면 으레 휴대폰을 집는 습관을 버리고 무릎을 꿇고 우리의 생각을 예수님 앞에 내려놓아야 한다. 건강한 관계들에 투자해야 한다. 부정적인 생각의 소용돌이가 돌기 시작하면 재빨리 건강한 사람들에게 다가가 도움을 요청해야 한다. 좋은 선택을 해야 한다. 매일. 매순간. 꾸준히 마음을 훈련시키다보면 소용돌이가 일기 시작할 때 평소 훈련한 반응이 저절로 나오게 되어 있다.

어느덧 16세가 된 케이트가 초밥을 먹다 말고 고개를 들었다.
"엄마, 내 마음이 소용돌이를 치고 있어요! 무엇이 답인지 알기는 하
지만 그래도 한 번 더 말해 주세요. 예수님은 제가 누구라고 말씀하
시나요?"

어떤 상황인지 알 수 있었다. 케이트는 절박한 심정이었다. 외
로움을 느끼고 있었다. 녀석의 마음은 한동안 사납게 소용돌이를
쳤지만 그것을 스스로 멈출 수 없어 힘들어하고 있었다. 내 도움이
절실했다.

순간, 이제 훌쩍 커버린 녀석이 곧 세상을 변화시키려는 강한
여성이 아니라 아직 엄마의 품에서 보살핌을 받아야 할 작은 어린아
이처럼 보였다. "너는 훌륭해! 너는 열정적인 아이야! 너는 베풀기
를 좋아하고 창의력이 넘치고 귀여운 녀석이지!"

그러자 녀석이 내 말을 끊었다. "엄마, 그거 말고요. 엄마의 말
이 아니라 '예수님'의 말씀을 알고 싶어요."

그래, 맞아. 물론이지. 전도서의 말처럼 다른 모든 것은 바람을
좇는 것과 같으니까 말이다(전 1:14).

소용돌이를 치는 우리의 마음은 안정을 추구하다가 덥석 거짓
말을 물곤 한다. 우리의 마음속에서 온갖 메시지가 뒤섞이면 예수

님의 사랑에 관한 간단한 진리 안에서 발을 뻗고 쉬질 못한다.

케이트처럼 예수님이 당신을 누구라고 말씀하시는지 다시 듣고 싶은가? 그렇다면 내가 당신의 머리에 손을 얹고 예수님이 그분 자신과 당신에 관해서 뭐라고 말씀하시는지 말해 주어도 괜찮겠는가?

- 나는 알파와 오메가요 처음과 마지막이요 시작과 마침이라(계 22:13).

- 하나님은 빛이시라 그에게는 어둠이 조금도 없으시다(요일 1:5).

- 과연 내 손이 땅의 기초를 정하였고 내 오른손이 하늘을 폈나 니 내가 그들을 부르면 그것들이 일제히 서느니라(사 48:13).

- 내가 너를 모태에 짓기 전에 너를 알았고(렘 1:5).

- 내가 너희를 택하여 세웠나니 이는 너희로 가서 열매를 맺게 하고 또 너희 열매가 항상 있게 하여 내 이름으로 아버지께 무엇을 구하든지 다 받게 하려 함이라(요 15:16).

- 나 곧 나는 나를 위하여 네 허물을 도말하는 자니 네 죄를 기 억하지 아니하리라(사 43:25).

- 영접하는 자 곧 그 이름을 믿는 자들에게는 하나님의 자녀가 되는 권세를 주셨으니(요 1:12).

- 너희는 너희가 하나님의 성전인 것과 하나님의 성령이 너희 안에 계시는 것을 알지 못하느냐?(고전 3:16)

- 내 영을 너희 속에 두어(겔 36:27).

- 너를 떠나지 아니하시며 버리지 아니하시리니(신 31:8).

- 모든 선한 일에 너희를 온전하게 하사(히 13:21).

- 하나님이 우리에게 주신 것은 두려워하는 마음이 아니요 오직 능력과 사랑과 절제하는 마음이니(딤후 1:7).

- 내가 이 반석 위에 내 교회를 세우리니 음부의 권세가 이기지 못하리라(마 16:18).

- 내가 너희를 위로할 것인즉(사 66:13).

- 내가 너희에게 말한 모든 것을 생각나게 하리라(요 14:26).

- 내가 속히 오리니(계 3:11).

- 주의 인자하심이 영원하오니(시 138:8).

- 잠시 잠깐 후면 … 내가 다시 와서 너희를 내게로 영접하여 나 있는 곳에 너희도 있게 하리라(히 10:37, 요 14:3).

- 그의 자손은 땅을 상속하리로다(시 25:13).

- 하나님이 그들과 함께 계시리니 … 모든 눈물을 그(녀의) 눈에서 닦아 주시니 다시는 사망이 없고 … 보라 내가 만물을 새롭게 하노라(계 21:3-5)

- 나라가 임하시오며 뜻이 하늘에서 이루어진 것 같이 땅에서도 이루어지이다(마 6:10).

하나님은 이런 진리를 선포하셨다. 이 모든 말씀은 당신은 물론

이고 예수님을 사랑하고 따르는 모든 사람을 향한 선포이다. 우리는 이런 진리에 따라 선택을 내려야 한다. 우리 하나님은 영원히 변하지 않으시며 언제나 약속을 지키신다.

16

생각하는 방향을
지금
바꾸라

이 책의 집필이 거의 끝이 보이기 시작한 것을 깨닫고서 늘 나를 위해 기도를 아끼지 않는 사람들을 한 자리로 모았다. 당신을 만나보지는 못했지만 당신이 자유를 얻기를 간절히 바라고 있다. 아무쪼록 당신이 이 책을 읽으며 나의 그런 마음을 느끼기를 바란다. 하지만 이 자유는 오직 하나님의 역사, 성령의 개입을 통해서만 가능하다.

이 사람들 외에도 오늘 내가 무엇을 하려는지 전혀 모르는 제스 (Jess)라는 친구가 방금 문자 메시지를 보내왔다. 나는 우리의 마음이 '전염성'이 정말 강해서 우리가 그리스도의 마음을 품으면 주변 모든 사람에게 이루 말할 수 없는 선을 끼칠 수 있다는 내용으로 마지막 장을 쓰려고 하고 있다. 제스는 이 사실을 전혀 모르고 있다. 내가 당신의 완전한 자유를 위해 기도하려는지 전혀 모르고 있다. 그런데 그런 친구가 이번 장에 딱 어울리는 문자 메시지를 보내왔다.

문자 메시지에는 제스의 아버지 사진이 첨부되어 있었다. 그의 아버지는 경건한 남자이자 훌륭한 아빠이며 신실한 남편이다. 아울러 마약 중독과 씨름하는 사람이기도 하다.

제스의 아버지는 몇 달 전 재활 시설에서 몸과 마음을 깨끗하게 한 뒤에 한 가지 '사명'을 품고서 자신의 교회와 마을로 돌아왔다. 재활 프로그램을 마친 뒤 그는 떠나왔던 재활 시설로 돌아가 성경 공부 모임을 이끌기 시작했다. 제스의 문자 메시지 내용은 이러했다.

> "토요일 아침 아빠는 눈을 뜨자마자 재활 프로그램 동기들을 저녁 식사에 초대하기로 마음을 먹었어요. 곧바로 아빠와 엄마는 그분들을 초대했고, 몇 시간 뒤 그분들이 모두 찾아오셨죠. 우리 가족은 아직 위태로운 상태예요. 하지만 이런 순간마다 하나님이 정말로 재 대신 화관을 주신다는 사실이 실감이 가요."

오직 하나님만이 우리 삶의 산산이 부서진 조각들을, 햄버거와 감자 샐러드를 둘러싼 아름다운 소망의 순간들로 바꾸어 주실 수 있다. 오직 하나님만이 우리가 숨기려는 것들로 평생 전하고 또 전할 아름다운 이야기를 만들어 주실 수 있다. 오직 하나님만이 우리가 깔보기 쉬운 사람들을 친구요 동역자이며 형제자매로 변화시키실 수 있다.

바울과 예수님을 빼고 베드로는 내가 성경에서 가장 좋아하는 인물이다. 내가 베드로를 좋아하는 이유는 단순하다. 첫째, 그가 예수님을 위해서라면 물불을 가리지 않는 과격한 성향이기 때문이다. 내 피에도 예수님을 향한 유별난 열정이 흐르고 있다.

둘째, 무엇보다도 베드로는 실수와 배신의 아이콘으로 유명하다. 이 점이 나와 닮아 있다. 베드로는 자신감이 약간 과한 친구였다. 마태복음 26장에서 그가 예수님께 "제가 주님을 부인한다고요? 그건 말도 되지 않아요!"라는 식으로 말했던 일이 생각난다.

물론 그것은 베드로가 예수님을 1번도 2번도 아닌 3번이나 부인하기 직전의 일이었다. 베드로는 그렇게 나약했다. 하지만 성경의 다른 부분들을 보면 베드로는 누구보다도 열정적이고 충실한 제자였다. 그야말로 예수님이 모든 것을 믿고 맡길 수 있는 충성스러운 제자였다.

사도행전 2장에서 우리는 오순절에 수많은 무리 앞에 서서 진리를 전하는 베드로를 만날 수 있다. 그날 수천 명이 그리스도를 따르면서 교회가 탄생했다. 하지만 베드로에 관해서 내가 가장 좋아하는 장면은 마태복음 14장에 기록되어 있다. 예수님이 한 소년의 도시락으로 5천 명을 먹이신 사건 직후 성경은 이렇게 기록한다.

"예수께서 즉시 제자들을 재촉하사 자기가 무리를 보내는 동안에 배를 타고 앞서 건너편으로 가게 하시고"(마 14:22).

그 후에 다음과 같은 놀라운 상황이 펼쳐진다.

"무리를 보내신 후에 기도하러 따로 산에 올라가시니라 저물매 거기 혼자 계시더니 배가 이미 육지에서 수리나 떠나서 바람이 거스르므로 물결로 말미암아 고난을 당하더라 밤 사경에 예수께서 바다 위로 걸어서 제자들에게 오시니 제자들이 그가 바다 위로 걸어오심을 보고 놀라 유령이라 하며 무서워하여 소리 지르거늘 예수께서 즉시 이르시되 안심하라 나니 두려워하지 말라 베드로가 대답하여 이르되 주여 만일 주님이시거든 나를 명하사 물 위로 오라 하소서 하니 오라 하시니 베드로가 배에서 내려 물 위로 걸어서 예수께로 가되 바람을 보고 무서워 빠져 가는지라 소리 질러 이르되 주여 나를 구원하소서 하니 예수께서 즉시 손을 내밀어 그를 붙잡으시며 이르시되 믿음이 작은 자여 왜 의심하였느냐 하시고 배에 함께 오르매 바람이 그치는지라 배에 있는 사람들이 예수께 절하며 이르되 진실로 하나님의 아들이로소이다 하더라"(마 14:23-33).

오직 그리스도의 얼굴만 바라며 거센 파도 위로 조심스럽게 한

걸음씩 내딛는 베드로. 내가 자주 생각하는 장면이다. 사실 이 책의 2부, 즉 인생의 비바람과 불확실성, 두려운 상황 속에서도 예수님께 두 눈을 고정하면 그런 물 아래가 아니라 '위로' 갈 수 있다는 개념을 이 장면에서 착안했다. 혼란을 낳는 생각들에서 눈을 떼어 오직 예수님께로 마음을 향하면 모든 것이 변한다!

하지만 베드로가 물 위에 떠 있을 수 있었던 것은 그의 능력이나 의지력 덕분이 아니었다. 그것은 어디까지나 그의 시선이 꽂혀 있는 대상의 능력이었다.

원수는 오직 예수님께로 향한 마음을 뒤흔들기 위해 온갖 계략을 꾸미고 있다. 승리의 열쇠는 그리스도께 시선을 집중하는 것이다. 그리스도를 생각하면, 그분만을 바라보고 그분께 사로잡히면, 다른 모든 것은 희미해진다. 하지만 원수는 우리가 예수님이 아닌 다른 것을 보기를 원한다.

그것은 오직 예수님만을 바라보는 사람이 그에게 너무도 위험한 존재이기 때문이다. 베드로가 그랬다. 그는 물 위에서의 교훈과 예수님의 승천 사이에서 조금 오락가락하긴 했지만, 결국 그리스도께로 마음의 시선을 온전히 집중하게 되었다. 교만과 불안의 소용돌이는 약해졌고 그의 두 눈은 오직 사명을 향해서만 불타올랐다.

그러자 교회가 탄생했다. 수많은 무리가 구원을 받고 예수님을 따르기 시작했다. 열방이 복음으로 물들고 세대마다 큰 변화가 나타났다.

당신의 생각이 들리는 듯하다. '정말 멋진 일이군. 하지만 그 전에 먼저 내 안의 걱정과 근심부터 해결했으면 좋겠어.' 하지만 근심과 걱정을 몰아내기 위한 열쇠 중 하나는 살아갈 전혀 다른 이유를 발견하는 것이다. 그리스도를 우리의 상으로 삼고 천국을 우리의 집으로 삼으면 근심과 걱정은 절로 줄어든다. 그 무엇도 우리의 사명, 우리의 소망, 우리 하나님을 빼앗아갈 수 없다는 것을 알기 때문이다.

새로운
사고방식

이 책은 결국 한마디로 귀결된다. 우리의 모든 생각이 그리스도의 마음에 온전히 사로잡히는 것이 정말 중요하다. 왜냐하면 앞서 말했듯이 생각은 신념을 결정하고, 신념은 행동을 결정하며, 행동이 쌓여서 습관을 이루고 결국 삶 전체를 형성하기 때문이다.

우리는 생각하는 대로 산다. 그리스도를 생각하면 그리스도께 시선을 단단히 고정한 채 그리스도라는 기초 위에 삶을 짓게 된다. 바람? 바람 따위야! 파도? 파도 따위야! 과감히 한 걸음씩 내딛게 된다. 거친 바다를 너끈히 건넌다. 감옥? 가둘 테면 가두라고 하라. 적어도 나로 인해 간수 한 명은 구원을 받게 될 것이다. 난파? 상관없다. 하나님이 나를 이곳이 아닌 저곳으로 이끄신다면 따라가면 그만이다. 완전히 새로운 사고방식. 바로 이것이 우리의 목표이다.

새벽 3시에 원치 않게 깨어나 불안에 떨기를 반복했던 나날. 그 소용돌이에서 벗어난 지도 벌써 1년이 넘었다. 물론 지금도 아주 가끔 한밤중에 눈을 뜨긴 하지만 더 이상 공포와 두려움에 떨지는 않는다. 오히려 그 이른 새벽 시간이 그렇게 '평온'할 수 없다. 사실, 일련의 구속적인 사건들을 통해 하나님은 내 삶의 가장 불안하고 괴롭던 그 시간을 선하게 사용하기 시작하셨다. 이 책의 많은 부분이 새벽 3-5시 사이에 쓰였다. 정말이다. 잠 못 이루는 시간이 신성한 시간으로 변했다. 정말 아름답지 않은가.

예전에는 어둠 속에서 내 마음이 두려움의 소용돌이를 일으켰다. 내 삶이 무의미한 것이 아닐까 두려웠다. 하나님이 진짜가 아닐까봐 두려웠다. 내가 안전하지 않을까 봐 두려웠다. 아무도 나를 봐주지 않을까 봐 두려웠다. 미래가 두려웠다. 하지만 이 모든 두려움이 거짓말이었음을 깨달았다. 하나님이 나를 보고 계셨다. 나는 안전했다. 하나님은 진짜였다. 오늘도 나는 하나님의 실재를 생생하게 느끼고 있다.

남편이 옆에서 곤히 자는 가운데 침대에서 키보드를 치는 지금 이 순간에도 나는 평온하기 그지없다. 컴퓨터 화면이 번쩍이고 내 손가락이 속사포처럼 날아가는 생각을 따라가지 못하는 이 순간에도 하나님으로 인해 깊은 평강을 누리고 있다. 하나님이 나를 선택하셨다. 나를 따로 구별하셨다. 이 어둠 속에서 나는 혼자가 아니다. 하나님이 나를 아신다. 하나님이 나를 선택하셨다. 나는 안전하다. 나는 하나님의 것이고 하나님은 나의 하나님이시다.

그래서 밤마다 나는 계속해서 선택을 한다. 하나님을 의심하기보다는 그분과 이야기하기로 선택한다. 그분이 행하신 모든 일에 감사하기로 선택한다. 내키든 내키지 않든 그분께 순종하기로 선택한다.

나는 평안하다. 그리고 당신도 이렇게 되기를 간절히 소망한다. 당신도 자유롭게 살며 예수님을 남들에게 전하게 되기를 원한다.

당신이 흐름을
바꿔 놓을 수 있다

어느 날 오후 집에 왔더니 케이트가 웬 여자아이와 주방에 서 있었다. "엄마, 얘는 레이첼(Rachel)이야. 며칠 전부터 교회에 다니기 시작했는데 성경책이 없대. 그래서 내 성경책을 좀 보여 주려고."

두 녀석은 케이트의 방으로 조르르 달려갔다. 1시간쯤 지나니까 구약과 신약, 복음서와 서신서, 대선지서와 소선지서의 차이를 설명하는 소리가 들렸다. 그날 우리 아이가 하는 행동을 생각하며 하나님께 감사를 드렸다. 시편 3편 3절에서 시편기자는 하나님이

"나의 머리를 드시는 자"이시라고 말했다. 레이첼이 케이트와 어울리는 모습을 보니 바로 그런 이미지가 떠올랐다. 레이첼이 어떤 가정에서 어떻게 자랐는지는 모른다. 녀석에게 어떤 고민거리가 있는지는 모른다. 하지만 그 침대 위에서 성경을 무릎 위에 놓고 읽는 녀석의 눈에서 반짝이는 새 희망을 분명히 볼 수 있었다.

최근 마음의 힘에 관한 오디오북을 들은 적이 있는데, 저자는 다음과 같이 말했다.

> "그런 부정적인 생각을 하지 않기로 선택하고 대신 긍정적인 생각을 할 때 당신은 단순히 당신 자신의 삶을 바꾸고 있는 것이 아니다. 당신은 온 인류의 삶을 바꾸고 있는 것이다. 세상에 있는 친절과 연민의 총합에 또 하나의 친절과 연민을 더하고 있는 것이다. 이 새로운 현실을 강화하고 있는 것이다 … 그것을 역사의 물줄기를 바꾸는 불가항력적인 힘으로 바꾸는 데 일조하고 있는 것이다."[1]

다시 말해, 우리 모두의 마음은 전염성이 강하다. 우리가 예수님의 마음에 사로잡히면 그로 인한 변화는 우리 자신에게서 끝나지 않는다. 이것이 우리 모두를 위한 내 기도 제목이다. 수천 명이 이 책을 읽고 변화되기 시작한다면 이 사고방식이 사방으로 전염되어 온 세대가 자유로워지는 기적이 일어날 것이다.

나는 이 일이 가능하다고 믿고, 또 그렇게 되기를 위해 기도하고 있다. 함께 계속해서 나아가자.

"너희는 이 세대를 본받지 말고 오직 마음을 새롭게 함으로 변화를 받아 하나님의 선하시고 기뻐하시고 온전하신 뜻이 무엇인지 분별하도록 하라"(롬 12:2).

왜일까? 하나님의 뜻을 분별하는 것이 왜 그토록 중요할까? 그것은 하나님이 당신의 자유만을 원하시지 않기 때문이다. 하나님이 당신을 위해 선한 일을 준비하신 것은 당신을 통해 수많은 사람을 자유롭게 하시기 위해서다(엡 2:10).

우리가 모든 생각을 사로잡아 원수의 거짓말을 떨쳐낸다면 자유롭게 되어 다른 많은 사람을 자유롭게 해 줄 수 있다. 그만큼 우리의 자유를 잘 활용하는 선한 청지기가 되어야 한다.

"하나님, 우리를 자유롭게 해 주십시오. 우리를 파멸시키려고 발악하는 원수와 싸워 주시고 다른 길을 선택할 수 있는 능력이 우리의 것임을 기억하게 해 주십시오.

그리고 나아가, 새로운 생각과 삶의 방식을 절실히 필요로 하는 세상에 우리가 자유를 전해 줄 수 있도록 도와주십시오.

예수님의 이름으로 기도드립니다. 아멘."

감사의 말

　나름대로 여러 권의 책을 써 봤지만 이번 책이 가장 힘들었다. 아마도 그것은 내가 이 책을 쓸 뿐 아니라 이 책대로 살기 위해서 개인적으로 사투를 벌여야 했기 때문일 것이다. 혹은 그 어떤 문제보다도 이 문제에 온 지옥이 맹렬하게 공격해왔기 때문일지도 모르겠다. 이유야 어쨌든 하나님이 내 삶 속에 보내 주신 작은 군대가 아니었다면 이 집필 과정을 끝까지 무사히 마무리하지 못했을 것이다. 하나님은 내가 부르신 일을 행하도록 돕기 위해서, 더 중요하게는 내가 부르신 삶을 살도록 돕기 위해서 이 귀한 군대를 보내 주셨다.

　먼저 하나님께 감사드린다. 하나님은 오직 그분만이 나를 구하실 수 있는 상황에서 나를 위해 싸워 주셨다. 나를 죄에서만이 아니라 내가 갇혀 있으면서도 전혀 깨닫지 못했던 유해한 생각과 삶의 굴레에서 건져 주신 하나님께 감사한다. 나 같은 죄인을 구하신 예수 그리스도의 보혈의 은혜는 영원히 다 갚지 못할 것이다.

남편 재크(Zac)는 최고의 동반자이다. 남편보다 더 좋은 동반자는 상상조차 할 수 없다. 남편이 없었다면 이 책은 탄생하지 못했을 것이다. 남편은 내게 집필을 위한 휴가를 주고서 카풀과 숙제, 식사 준비까지 홀로 다 책임져 주었다. 게다가 의심과 두려움 속에서 허덕이는 나를 위로하고 하나님이 우리의 삶 속에 보내 주신 이 사명을 끝까지 믿어 주었다. 남편이 입버릇처럼 말하듯이 천국에서 모든 공은 남편에게 돌아갈 것이다. 정말로 그렇다.

이 소명을 위해 희생하면서도 싫은 내색 한번 하지 않은 우리 아이들, 코너(Conner)와 케이트(Kate), 캐롤라인(Caroline), 쿠퍼(Cooper)에게 감사한다. 싫은 내색은커녕 오히려 내가 하는 모든 일을 축하하고 지지해 주는 고마운 아이들이다. 하나님은 우리 아이들을 엄마가 필요한 아이들에서 매일 엄마인 나를 격려하고 도전하는 사람들로 성장시켜 주셨다. 내가 세상에서 가장 좋아하는 사람들의 엄마라는 사실이 너무도 기쁘다.

리사 터커스트(Lysa TerKeurst)와 그의 팀은 내가 이 책의 메시지의 가치를 확신하도록 도와주었다. 그날 나는 하나님이 이 책을 통해 사람들을 도울 것이라는 확신을 품고서 그의 사무실을 나섰다.

이프 개더링(IF:Gathering)의 팀원들에게 감사한다. 이들은 내가이 책의 메시지대로 살도록 도와주었고, 이 책을 쓰는 내내 응원하고 기도해 주었다. 이들은 내가 이 책의 개념들을 꾸준히 다듬을 수있도록 도와주었다. 내가 이 책을 유용한 뭔가로 빚어가도록 한밤중에도 마다하지 않고 도와준 이들에게 깊이 감사한다.

우리 워터마크(Watermark)교회에서 이 개념을 가르치게 허락해준 교인들에게 감사한다. 함께 바울의 서신서와 삶을 파헤치면서정말 많은 것을 배웠다. 교인들과 함께한 그 6주가 없었다면 이 책은 탄생하지 못했을 것이다. 나아가, 이들이 나와 공동체를 이루어주고 늘 격려하며 때로 채찍질을 해 주지 않는다면 나는 지금 하고있는 일을 하지 못하고 있을 것이다. 수만 가지 방식으로 지원해 주는 교인들에게 진심으로 감사한다.

내가 하는 일을 이해하고 지지해 주는 친구들과 가족들이 있어서 얼마나 감사한지 모른다. 코치(Coach)와 나나(Nana), 어머니와 아버지, 애슐리(Ashley)와 피트(Pete), 브루크(Brooke)와 토니(Tony), 케이티(Katie)와 에어런(Aaron), 이들과 좋은 가족을 이루어 사는 것은 보통큰 복이 아니다. 하나님을 경외하고 늘 나를 도와주는 가족들에게감사한다. 나이를 초월해서 하나가 된 우리 소그룹 식구들은 열정적이고도 웃음이 넘친다. 그들을 볼 때마다 더 열심히 사역하고 더열심히 살아야겠다고 다짐하게 된다. 나를 포기하지 않은 그들에게늘 고마운 마음뿐이다.

워터브룩(WaterBrook) 출판사는 처음부터 나를 믿어 주고 이 메시지를 최대한 멀리 그리고 넓게 전하기 위해 최선을 다했다. 이들은 하나님의 영광과 남들의 유익을 위해 일하는 열정적인 일꾼들이다. 나는 이 팀의 한 자리를 결코 당연하게 여기지 않는다. 내게 한 자리를 내어 주고 이 일을 위해 함께 큰 꿈을 꾸어 준 이들에게 진심으로 감사한다.

PART 1

Chapter 1

1. Aditi Nerurkar et al, "When Physicians Counsel About Stress: Results of a National Study," *JAMA Internal Medicine* 173, no. 1 (2013년 1월 14일): 76, https://jamanetwork.com/journals/jamainternalmedicine/fullarticle/1392494.

2. Dr. Caroline Leaf, *Switch On Your Brain: The Key to Peak Happiness, Thinking, and Health* (Grand Rapids, MI: Baker, 2015), 33.

3. John Owen, *On Temptation and the Mortification of Sin in Believers* (Philadelphia: Presbyterian Board of Publication), 154.

4. Dr. Caroline Leaf, *Switch on Your Brain Every Day: 365 Readings for Peak Happiness, Thinking, and Health* (Grand Rapids, MI: Baker, 2018), back cover.

Chapter 2

1. A. W. Tozer, *The Pursuit of God* (Camp Hill, PA: Christian Publications, 1982), 103. A. W. 토저, 《하나님을 추구하라》(복있는사람 역간).

Chapter 3

1. Beth Moore, *Get Out of That Pit: Straight Talk About God's Deliverance* (Nashville: Thomas Nelson, 2007), 23, 49, 71. 베스 무어, 《웅덩이에서 벗어나기》(지혜의일곱기둥 역간).

Chapter 4

1. "Mental Health Conditions," National Alliance on Mental Illness, www.nami.org/Learn-More/Mental-Health-Conditions.

Chapter 5

1. Daniel J. Siegel, *Mind: A Journey to the Heart of Being Human* (New York: W. W. Norton, 2017), 179, 185, 266, www.psychalive.org/dr-daniel-siegel-neuroplasticity.

Chapter 6

1. Raj Raghunathan, "How Negative Is Your 'Mental Chatter'?" *Psychology Today*, 2013년 10월 10일, www.psychologytoday.com/us/blog/sapient-nature/201310/how-negative-is-your-mental-chatter.

2. 정신 지도는 Tony Buzan이 유행시킨 것이다. 이 내용은 Shainna Ali, "Mind Mapping: A Guide to Achieving Your Goals in 2018"에서 차용한 것이다, ACA Member Blogs, American Counseling Association, 2017년 12월 6일, www.counseling.org/news/aca-blogs/aca-member-blogs/aca-member-blogs/2017/12/06/mind-mapping-a-guide-to-achieving-your-goals-in-2018.

PART 2

Chapter 8

1. Barbara Bradley Hagerty, "Prayer May Reshape Your Brain…and Your Reality," NPR, 2009년 5월 20일, www.npr.org/templates/story/story.php?storyId=104310443.

2. Sam Black, *The Porn Circuit: Understand Your Brain and Break Porn Habits in 90 Days* (Owosso, MI: Covenant Eyes, 2019), 38, www.covenanteyes.com/resources/heres-your-copy-of-the-porn-circuit.

3. Cary Barbor, "The Science of Meditation," *Psychology Today*, 2001년 5월 1일, www.psychologytoday.com/us/articles/200105/the-science-meditation.

4. Alice G. Walton, "7 Ways Meditation Can Actually Change the Brain," *Forbes*, 2015

년 2월 9일, www.forbes.com/sites/alicegwalton/2015/02/09/7-ways-meditation-can-actually-change-the-brain/#98deead14658.

5. Walton, "7 Ways."

6. Charles F. Stanley, "How to Meditate on Scripture," In Touch Ministries, 2015년 8월 3일, www.intouch.org/Read/Blog/how-to-meditate-on-scripture.

7. 인지적 재구성에 관해 더 알고 싶다면 Elizabeth Scott, "4 Steps to Shift Perspective and Change Everything"을 보시오, Verywell Mind, 2019년 6월 28일, www.verywellmind.com/cognitive-reframing-for-stress-management-3144872.

8. Rachel Landingham의 시.

Chapter 9

1. Larry Crabb, *SoulTalk: The Language God Longs for Us to Speak* (Brentwood, TN: Integrity, 2003), 138.

2. Matthew D. Lieberman, *Social: Why Our Brains Are Wired to Connect* (New York: Crown, 2013), 9.

3. Liz Miller, "Interpersonal Neurobiology: What Your Relationships Mean to Your Brain," Liz Miller Counseling, https://lizmillercounseling.com/2017/08/interpersonal-neurobiology-relationships.

4. Amy Banks, "Humans Are Hardwired for Connection? Neurobiology 101 for Parents, Educators, Practitioners and the General Public," 인터뷰, Wellesley Centers for Women, 2010년 9월 15일, www.wcwonline.org/2010/humans-are-hardwired-for-connection-neurobiology-101-for-parents-educators-practitioners-and-the-general-public.

5. "The Science of Love: See How Social Isolation and Loneliness Can Impact Our Health," Living Love Mindfulness Medicine, 2017년 2월 21일, https://livinglovecommunity.com/2017/02/21/science-love-see-social-isolation-loneliness-can-impact-health.

6. Amy Paturel, "Power in Numbers: Research Is Pinpointing the Factors That Make Group Therapy Successful," Monitor on Psychology, 2012년 11월, www.apa.org/monitor/2012/11/power.

7. Shelley E. Taylor 등, "Biobehavioral Responses to Stress in Females: Tend-and-Befriend, Not Fight-or-Flight," *Psychological Review* 107, no. 3 (2000): 418; Concordia University, "Poor Social Integration = Poor Health," *EurekAlert!*, 2015년 1월 20일, www.eurekalert.org/pub_releases/2015-01/cu-psi012015.php.

8. Brenée Brown, *Daring Greatly: How the Courage to Be Vulnerable Transforms the Way*

We Live, Love, Parent, and Lead (New York: Avery, 2012), 12. 브렌 브라운, 《마음가면》(더퀘스트 역간).

Chapter 10

1. Tim Newman, "Anxiety in the West: Is It on the Rise?," Medical News Today, 2018년 9월 5일, www.medicalnewstoday.com/articles/322877.php.

2. Don Joseph Goewey, "85% of What We Worry About Never Happens," Don Joseph Goewey, 2015년 12월 7일, https://donjosephgoewey.com/eighty-five-percent-of-worries-never-happen-2, Robert L. Leahy, *The Worry Cure: Seven Steps to Stop Worry from Stopping You* (New York: Three Rivers, 2005), 18-19에 정리된 데이터를 인용한 것.

3. Corrie ten Boom, *The Hiding Place* (New York: Bantam Books, 1974), 29. 코리 텐 붐, 《주는 나의 피난처》(좋은씨앗 역간)

Chapter 11

1. Brenée Brown, *Daring Greatly: How the Courage to Be Vulnerable Transforms the Way We Live, Love, Parent, and Lead* (New York: Avery, 2015), 124.

2. Paul K. Piff 등, "Awe, the Small Self, and Prosocial Behavior," *Journal of Personality and Social Psychology* 108, no. 6 (2015): 883, www.apa.org/pubs/journals/releases/psp-pspi0000018.pdf.

3. . *Oxford English Dictionary Online*, s.v. "cynic," www.oed.com.

4. Clyde Kilby, John Piper, *Taste and See: Savoring the Supremacy of God in All of Life* (Colorado Springs: Multnomah, 2005), 70에 인용. 존 파이퍼, 《하나님을 맛보는 묵상》(좋은씨앗 역간).

5. 이 동영상을 보지 못했다면 한번 꼭 보라. "Hurricane Harvey: Man Plays Piano in Flooded Texas Home," BBC, 2017년 8월 31일, www.bbc.com/news/av/world-us-canada-41118462/hurricane-harvey-man-plays-piano-in-flooded-texas-home.

6. Emily Perl Kingsley, "Welcome to Holland," National Down Syndrome Society, 1987, www.ndss.org/resources/a-parents-perspective.

7. Michiel van Elk 등, "The Neural Correlates of the Awe Experience: Reduced Default Mode Network Activity During Feelings of Awe," Human Brain Mapping, 2019년 8월 15일, https://pure.uva.nl/ws/files/37286954/Elk_et_al_2019_Human_Brain_Mapping.pdf.

8. Bruno Mars, "Grenade," by Bruno Mars 등, *Doo-Wops & Hooligans*, copyright ©2010,

Elektra Entertainment Group.

Chapter 12

1. Andrew Murray, *Humility: The Beauty of Holiness*, 2nd ed. (London: James Nisbet, 1896), 7, 12, 13, 14, 68, 95.

2. Murray, *Humility*, 47.

3. Carrie Steckl, "Are Compassion and Pride Mutually Exclusive?" American Addiction Centers Inc., www.mentalhelp.net/blogs/are-compassion-and-pride-mutually-exclusive.

4. John B. Evans, Harriet Rubin, "Success and Excess," *Fast Company*, 1998년 9월 30일, www.fastcompany.com/35583/success-and-excess에 인용.

5. Murray, *Humility*, 47.

6. Charles Haddon Spurgeon, "Working Out What Is Worked In" (sermon, Metropolitan Tabernacle, London, 1868년 7월 12일), Spurgeon Center, www.spurgeon.org/resource-library/sermons/working-out-what-is-worked-in#flipbook.

7. Tyndale Bible Dictionary, s.v. "humility," Walter A. Elwell과 Philip W. Comfort 편집 (Wheaton, IL: Tyndale, 2001), 618.

8. Murray, *Humility*, 81.

Chapter 13

1. Alex Korb, "The Grateful Brain: The Neuroscience of Giving Thanks," *Psychology Today*, 2012년 11월 20일, www.psychologytoday.com/us/blog/prefrontal-nudity/201211/the-grateful-brain.

2. Korb, "Grateful Brain."

3. Amy Morin, "7 Scientifically Proven Benefits of Gratitude," *Psychology Today*, 2015년 4월 3일, www.psychologytoday.com/us/blog/what-mentally-strong-people-dont-do/201504/7-scientifically-proven-benefits-gratitude.

4. C. S. Lewis, *Mere Christianity* (New York: HarperOne, 2001), 38. C. S. 루이스, 《순전한 기독교》(홍성사 역간).

Chapter 14

1. D. A. Carson, *For the Love of God: A Daily Companion for Discovering the Riches of God's Word*, vol. 2 (Wheaton, IL: Crossway Books, 1999), "January 23."

2. Christopher Bergland, "3 Specific Ways That Helping Others Benefits Your Brain," *Psychology Today*, 2016년 2월 21일, www.psychologytoday.com/us/blog/the-athletes-way/201602/3-specific-ways-helping-others-benefits-your-brain.

3. Janice Wood, "Having a Purpose in Life Linked to Better Sleep," *Psych Central*, 2018년 8월 8일, https://psychcentral.com/news/2017/07/09/having-a-purpose-in-life-linked-to-better-sleep/122940.html; Kashmira Gander, "People with a Sense of Purpose Live Longer, Study Suggests," Newsweek, 2019년 5월 24일, https://www.newsweek.com/people-sense-purpose-live-longer-study-suggests-1433771.

4. Bergland, "3 Specific Ways."

PART 3

Chapter 15

1. James Randerson, "How Many Neurons Make a Human Brain? Billions Fewer Than We Thought," Guardian, 2012년 2월 28일, www.theguardian.com/science/blog/2012/feb/28/how-many-neurons-human-brain.

2. Jon Lieff, "Are Microtubules the Brain of the Neuron," Searching for the Mind, 2015년 11월 29일, http://jonlieffmd.com/blog/are-microtubules-the-brain-of-the-neuron.

3. Lieff, "Are Microtubules."

4. John McCrone, Dawson Church, *The Genie in Your Genes: Epigenetic Medicine and the New Biology of Intention* (Santa Rosa, CA: Elite Books, 2007), 141에 인용.

Chapter 16

1. Dawson Church, *Mind to Matter: The Astonishing Science of How Your Brain Creates Material Reality* (Carlsbad, CA: Hay, 2018), Kindle edition, chap. 7.